Tarja Palmu

KOULUTUS – MAHDOLLISUUS VAI VAATIMUS?

Kysymyksiä ja pohdintoja kasvatuksesta ja koulutuksesta

Kustantaja: BoD – Books on Demand, Helsinki, Suomi
Valmistaja: BoD – Books on Demand, Norderstedt, Saksa

ISBN: 978-952-80-6660-6

SISÄLLYS:

ESIPUHE

Kulttuurissamme kasvatus ja koulutus nähdään sivistyksen ja yhteiskuntakelpoiseksi ihmiseksi tulemisen keskeisinä tekijöinä. Oppimistuloksia, koulutuksen laatua ja yhteiskunnan koulutuksen tasoa mitataan erilaisilla mittareilla. Mutta mistä puhutaan, kun puhutaan kasvatuksesta, koulutuksesta tai opetuksesta?

Kasvatukseen ja koulutukseen liittyvä yksi keskeinen kysymys on se, kenen tai minkä tarpeita ja tavoitteita pyritään saavuttamaan? Aikanaan kirkko, teollistuminen, valtio ja nykyään siirtyminen yhä enemmän uusliberalistiseen markkinatalouteen ovat vaikuttanut siihen, mitä päämäärinä koulutukselle on asetettu. Suomessa aikaisempien niukemmin koulutettujen sukupolvien näkemys koulutuksesta ihanteena, välineenä tai hyödykkeenä oli 1990-luvulla muuttunut koulutuksen pitämiseksi itsestäänselvyytenä. Mikä merkitys koulutuksella on tämän päivän, 2020 - luvun, Suomessa? Onko koulutuksen itsestäänselvyys muuttunut mahdollisuudeksi tai vaatimukseksi? Kouluttaudummeko oppimisen, sivistyksen, itsetuntemuksen (Humboldt), ammatin ja työn, yhteiskunnan vaiko oman ajattelun ja moraalisen päätöksenkyvyn (Kant) vai hyvän ja merkityksellisen elämän vuoksi? Vai onko meritokratia, eli meriitteihin ja suorituksiin perustuva järjestelmä, saanut meidät kilpajuoksuun, joka on jo karannut jo käsistä?

Olen kirjoittanut tätä kirjaa osissa. Vuoden 2019 aikana luin kasvatusta ja koulutusta käsitteleviä teoksia. Luin vuoden aikana pinon yhteiskuntatieteellisesti orientoituneita kasvatusta ja koulutusta käsitteleviä teoksia. Lukiessani kirjoitin työpäiväkirjaa ja nostin itseäni – ja toivottavasti myös lukijoita - kiinnostavia havaintoja esiin. Tästä työskentelystä muodostui päiväkirja ja samalla kirjan ensimmäinen luku. Lukiessani etsin kasvatuksen ja koulutuksen määritelmiä, sitä mistä eri teorioista ymmärryksemme rakentuu, ja mihin teorioihin käsitteet kietoutuvat.

Kirjan ensimmäisessä, päiväkirjamaisessa, luvussa olen käynyt vuoropuhelua lukemieni teosten ja niistä tekemieni huomioiden välillä. Mukaan olen nostanut ajankohtaista kasvatukseen ja koulutukseen liittyvää keskustelua. Tässä osuudessa haluan rikkoa ja kokeilla tieteellisen kirjoittamisen rajoja sekä herättää lukijoissa kiinnostusta käsitteiden tarkempaan tutkimiseen.

Tämä vuoden kestänyt kirjallisuuden lukeminen ja muistiinpanojen kirjoittaminen muodostaa aineiston ja pohjatyö luvulle, jossa pohditaan kasvatuksen määritelmiä sekä koulutusta tarkastelevalla luvulle. Kirjan lopussa tuon yhteenvedon lisäksi keskusteluun opiskelijoiden jaksamisen. Koulutukseen liittyvä yksin pärjäämisen eetos, yhä aikaisemmin tapahtuvat monenlaiset valinnat sekä kova kilpailu sekä opiskelupaikoista, että tulevaisuuden työpaikoista, saa opiskelijat hakemaan ulkopuolista apua, kun omat keinot tai voimat eivät riitä. Tulisiko katse kääntää enemmän koulutuksen tavoitteisiin ja rakenteisiin vai yksilön resursseihin ja kykyihin? Mitä jos oma innostus, kyvyt tai elämätilanne ei riitä opiskeluun, mutta yhteiskunta vaatii ja arvostaa korkeasti kouluttautumista sekä sen tuottamaa asemaa? Näitä kysymyksiä otan esiin sekä päiväkirjamaisessa luvussa että loppuluvussa.

Kirja on kriittinen pohdinta kasvatuksen ja koulutuksen kentän käsitteistä, ideaaleista ja ajankohtaisista kysymyksistä. Teos ei pyri olemaan – eikä ole - kattava tietokirja, vaan pikemminkin hajanainen kokoelma, ajatuksia, huomioita, pohdintoja ja avauksia kasvatuksen ja koulutuksen moninaisesta kentästä. Kysymyksiä ja ihmettelyä. Samalla toivon, että kirja innostaa tutustumaan tarkemmin kasvatuksen ja koulutuksen teorioihin ja historiaan sekä tekemään huomioita kasvatukseen ja koulutukseen liittyvistä keskusteluista. Ja ehkä antaa sysäyksen syventää omaa pohdintaa. Kiitän Suomen Tietokirjailijoita apurahasta, jonka turvin kirjoitin päiväkirjaosuutta vuonna 2019. Kordelinin säätiötä kiitän apurahasta, joka mahdollisti kirjoitusretriittien järjestämisen vuonna 2021 Mathildedalissa, meren ja kansallispuiston ympäröivässä rauhassa.

Kirjoittaessani käsikirjoituksen sisältölukuja en ole juurikaan enää ottanut mukaan ajankohtaista kasvatuksesta ja koulutuksesta käytyä keskustelua, paitsi joulukuussa 2021 kirjoitetuilla, päiväkirjan viimeisillä sivuilla. Haluan kuitenkin tässä esipuheessa tuoda esiin Anu Kantolan (HS, 21.9.2021) kirjoittaman kolumnin, jossa hän tiivistetysti tuo esiin huolen siitä, mitä yhä korkeamman koulutuksen tavoitteleminen ja arvostaminen aiheuttaa. Yksilöille se aiheuttaa häpeää alhaisesta koulutuksesta tai kesken jääneestä gradusta. Yhteiskunnalle puutetta vähemmän koulutetuista työtekijöistä. Miten saada balanssia, erilaisten koulutusten, erilaisten töiden ja erilaisten osaamisten välille. Sekä ymmärrystä siihen, että monimuotoinen yhteiskunta tarvitsee monenlaista ja monen tasoista koulutusta ja sen arvostusta – enemmän horisontaalista kuin vertikaalia ajattelua.

Mathildedalissa, joulukuun 16 päivä 2021
Tarja Palmu

PÄIVÄKIRJA 2019

Aloitus 16.1.

Mia Kankimäen kirjan *Naiset, joita ajattelen öisin* lähtökohtana ovat yönaiset, voimanaiset, esikuvat, jotka inspiroivat, lohduttavat, innostavat öisin omien työhön, perheeseen, asenteeseen ym. liittyvien hankausten kanssa valvovaa kirjoittajaa. Luin kirjaa joulukuussa, samaan aikaan kun sain tiedon tietokirjan kirjoittamiseen saamastani apurahasta. Tosin en olisi silloin osannut kuvitella, että kirja palautuu mieleeni nyt kun tammikuussa aloitan hapuilemaan kirjaa koskevien ajatusteni kanssa ja kirjoittamaan ensimmäisiä lauseita ylös. Olin toki kirjoittanut kasvatusalan käsitteitä tarkastelevasta kirjasta synopsiksen ja alustavan sisällysluettelon, mutta lähtiessäni nyt tänään kirjoittamaan, en oikeastaan tiennyt, mitä kirjoittaisin. Päässäni on vain hämäriä ajatuksia siitä, että en ymmärrä kaikkea sitä, mitä ympärillä tapahtuu kasvatuksen ja koulutuksen alueella. Ja paljon tuntuu tapahtuvan! Kasvatustieteilijänä olen aikoinani opiskellut kasvatustieteen 'ydin' käsitteitä, tenttinyt niitä ja myöhemmin käyttänyt kirjoituksissani ja opetuksessani niitä. Olen luullut niistä jotain ymmärtäväni, mutta mene ja tiedä! Varsinkin nyt viimevuosina on alkanut tuntumaan, että en enää oikein tiedä, mistä puhutaan, kun puhutaan kasvatuksesta, koulutuksesta, opettamisesta tai ohjaamisesta. Mitä kasvatuksella, koulutuksella ja ohjauksella tavoitellaan? Mitkä ideaalit koulutuksen rakentumisesta ja jäsentymistä ohjaavat? Lisäksi tälle kentälle on tullut lisää uusia valmentamiseen (coaching) liittyviä termiä. Ja mitä ne nyt sitten tarkoittavat?

Voisivatko nämä käsitteet olla minun yöllisiä sekavia pohdintojani, joita nyt lähden avaamaan? Kuulostaa liian romanttiselta ja kaukaa haetulta, mutta haluaisin tehdä tästä kirjasta/tutkimusmatkasta edes hitusen yhtä jännittävän ja innostavan kuin tuo Kankimäen kirja on. Voisiko lähtökohtaisesti tylsältä idealta kuulostavasta käsitteiden määrittelyjen ja niiden muutoksen tutkimisesta tehdäkin jotenkin innostavan − seikkailun? Mutta joutunen tyytymään siihen, että virallisen/tieteellisen kirjoituksen oheen tuon omia havaintojani, pohdintojani tai oivalluksia tai kysymyksiä, joita kohtaan tätä käsiteviidakkoa (kotona – en Afrikassa Karen Blixenin maisemissa!) kahlatessani ja yrittäessäni fokusoida kirjan ideaa. Ja kaiken lisäksi haluan tuoda tähän kirjaan vielä itselleni terapeuttina tällä hetkellä merkityksellisen juonteen – miksi opiskelijoilla on tänä päivänä niin paljon mielenterveysongelmia – vai onko niitä ollut ennenkin ja nyt vaan on mahdollisuus tuoda niitä julki? (Voisin tietysti kysyä samaa – ainakin jaksamisen ja motivaation osalta – myös vaikkapa yliopistojen henkilökunnalta). En kuitenkaan aio pohtia tätä kysymystä laajemmin, vaan ainoastaan opiskelijoiden osalta.

Eilen terapiavastaanotollani tapasin ammattikorkeakoulussa opiskelevan asiakkaani, joka kertoi uuden lukukauden alkaneen ja kalenterin näyttävän hyvin tyhjältä. Koulua on vain yhtenä päivänä. Muiden päivien täyttäminen omatoimisella opiskelulla tuntuu kovin haasteelliselta. Lisäksi toiselta puolelta Suomea kotoisen olevalle sosiaalisten kontaktien luominen on vaikeaa, kun kouluun tehdään vain täsmäiskuja ja tutustuminen muihin opiskelijoihin on satunnaista. Mietin taas, miten koulutus, joka on maailman huippua, ilmaista ja monipuolista, täynnä erilaisia avoimia mahdollisuuksia, näyttäytyy monelle nuorelle vaatimuksina, uhkana, ohjeiden viidakkona tai pakollisena suorittamisena – eikä mahdollisuutena kehittää itseä, tietää, olla utelias ja tietää lisää…. Itseäni vaivaa todella paljon se, että näen vastaanotollani masentuneita ja ahdistuneita opiskelijoita vaikka samaan aikaan media antaa ymmärtää, että olemme maailman onnellisempia ja Pisa tutkimukset kertovat meidän olevan huippuja. Jaa, no nyt tuli jo toistamiseen sana, joka TODELLA häiritsee minua. Huippua! Olen huippuyliopiston kasvatti, entinen yliopistolehtori ja -tutkija ja nykyäänkin vielä dosentti. Siis ilmeisen huippua – vaan ei kuitenkaan. Omissa ajatuksissani huipulle yltää marginaalinen osa ja suuri osa meistä muista – riittävän hyvistä tai jopa erinomaisista opiskelijoista ja työntekijöistä – on sitä suurta massaa, jonka olemassaolo ja työskentely on tärkeää ja välttämätöntä. Perusta, jota tarvitaan. Vaan tarvitaanko enää, kun kaikkien pitää yltää olemaan huipputyyppi ja ylittää itsensä ja muut kanssa ihmiset (kilpailijat!).

Epäilys: Tästä kirjasta ei tule tietokirja (vaikka Suomen Tietokirjailijoilta sainkin apurahan tietokirjan kirjoittamiseen: kiitos ja anteeksi Suomen Tietokirjailijat), vaan jotain enemmän yleistajuisempaa, poleemisempaa, esseemäisempää, oman ymmärryksen hakemista ja siitä raportoimista.

Tilanne: juon teetä, katselen lumista pihaa ja pöydällä lojuvaa Sirkka Hirsjärven toimittamaa *Kasvatustieteen käsitteistö* teosta. Jos siihen tarttuisi. Kirja on julkaistu 1983, esipuhe on kirjoitettu 1.2.1982. Sirkka Hirsjärvi on suomalaisen kasvatustieteen grand old ladyja, professori (ja entinen partiotyttöjärjestön koulutusohjaaja!), joka on kirjoittanut monista kasvatusalan isoista kysymyksistä: metodologiasta, kasvatusfilosofiasta ja ihmiskäsityksestä, tutkimusmenetelmistä, merkityksen ongelmasta, tutkimisesta ja sen raportoimisesta, kirjoittamisesta. *Kasvatustieteen käsitteistö* kirjan johdannossa todetaan, että suomenkielinen kasvatus- ja opetusalan käsitteistö on parhaillaan muotoutumassa ja teoksessa pyritään kartoittamaan tätä laajaa ja jatkuvassa muutoksessa olevaa kenttää (Hirsjärvi (toim.) 1983, 5). Itsenikin on jostain lähdettävä liikkeelle ja ajattelin, että se voisi olla tämä teos. Kirja on 223 sivuinen tiivis, sanakirjamainen esitys tai luettelo käsitteistä ja niiden suhteellisen lyhyistä määrittelyistä alkaen *aatteesta* ja päätyen *ärsykeyleistymiseen*. Ärsykeyleistymisestä en ole koskaan kuullutkaan, mutta aatteen määrittelystä innostun, koska siinä mainitaan Platon, Locke, Berkeley, Hume ja Kant. Ja ainakin Platon:iin ja Kant:iin aion myös tässä kirjassani viitata. No, keskeistä on nyt käydä kirjan esittelemät termit läpi ja keskittyä siihen, miten kasvatus, koulutus, opetus, ohjaus käsitteet on määritelty 1980-luvulla. Näistä löydöksistäni lisää kirjan muissa luvuissa.

Lista Kasvatustieteen käsitteistöstä löytyneistä riemukkaista löydöksistä: absoluuttiset esioletukset, ahaa-elämys, akateeminen vapaus (sic!), aktiviteettipedagogiikka, ATK-käsittely, etukäteisorganisoijat, hakeva toiminta, hylkäämiserhe, hyväksymiserhe, itemianalyysi, kasvatuksen futurologia, kauko-opetus, keskiarvon keskivirhe, muodollisen kurin periaate, opiskelijavirta, oppilaskyyditys, orgaaninen koulutus, toistuva koulutus, työrauha, unohtamisen teoriat, useuden laki, varmuusväli, vastaustaipumus ja jo tuo aiemmin mainittu ärsykeyleistyminen. Mielikuvitukseni lähtee liikkeelle (varmuusväli kasvatustieteen käsitteenä!?) ja lentoon näiden käsitteiden kanssa ja kehittelen kaikenlaisia, ei-niin-tieteellisiä selityksiä sanoille (esim. kouluradio

13

= radio, joka soi vain koulutaajuuksissa ja jossa soitetaan Kankimäenkin diggaamaa Pink Floydia ja erityisesti *We don't need no education* kappaletta).

Lukija voi myös lähteä mielikuvittelemaan omia sisältöjä termeille, mutta jos näiden – jo lukuisien muiden käsitteiden – asiallinen määrittely kiinnostaa, niin Hirsjärven toimittamaa kirjaa löytyy kirjastoista.

Huomioita: Hirsjärven kirjassa ei ole tasa-arvon käsitettä (sen sijaan runsaasti psykologiseen sanastoon liittyviä käsitteitä kuten superego, trauma...) *tasa-arvoisuus* käsite mainitaan ja viitataan vain *koulutusmahdollisuuksien tasa-arvoisuuteen*. Koulutusmahdollisuuksien tasa-arvoisuuden määrittelyssä mainitaan yksilön ominaisuudet, lahjat, taloudelliset ja maantieteelliset erot sekä erilaiset asemat yhteiskunnassa ja pyrkimyksiin taata näistä riippumattomiin koulutusmahdollisuuksiin. Sukupuolten välistä tasa-arvoa ei mainita! Jo on ollut hyvin - tai huonosti – asiat! Suomessa sukupuoleen ja tasa-arvoon liittyvä problematiikka tuli kasvatuksen ja koulutuksen tarkasteluun ja tutkimukseen vasta 1980 ja 1990 luvuilla. Edelleen tunnen ylpeyttä siitä, että olen ollut ensimmäisessä suomalaisessa naistutkimus yksikössä (HY Kristiina-instituutti) töissä sen alkuvaiheessa. Kyllä on ollut tasa-arvon ja sukupuolen tutkimukselle tarvetta! Kirjassa ei myöskään määritellä ohjausta. Tämä puute ihmetyttää, koska käsittääkseni ainakin yliopistossa on jo pitkään puhuttu opiskelijoiden ohjaamisesta – erityisesti opinnäytetöiden yhteydessä.

Päivän päätteeksi olen kahlannut Hirsjärven toimittaman teoksen läpi. Olen poiminut sieltä koulutuksen, kasvatuksen ja opettamisen määritelmiä, tehnyt monenlaisia havaintoja ja mielikuvitusmatkoja. Siinä sivussa olen tehnyt lapsille (16-v ja 19-v!) lettuja ja ruokaa ja miettinyt sitä, miten omassa perheessänikin opiskelu ja työnteko ovat valuneet yhä enenemissä määrin kotiin. Mutta jos pystyin viimeistelemään väitöskirjani neljännen lapsen vanhempainvapaalla, niin enköhän minä tämänkin kirjan saa kasaan, vaikka kotona luuhaa kaksi teiniä ja välillä etätöitä tekevä puoliso.

Ilta/yö riipustuksia: Jumituin kirjoituspöydän (lue keittiönpöydän) ääreen kirjoittamaan niin, että illan joogatunnille piti kiiruhtaa (mitä nykyelämän kliseitä: kiire joogaamaan). Matkalla ja vielä joogasalillakin ajatukset pakenivat väkisin kirjan herättämiin ajatuksiin. Voisiko tällä kirjoittamismetodilla syntyä oikeasti puolitieteellinen kirja? Viime vuonna (2018) kahden kollegani kanssa Palsaoja -kollektiivina kirjoittamamme ja e-kirjana julkaistu teos oli myös tieteen rajoja venyttävä, kollektiivista tietämistä ja kirjoittamista tutkiva ja uusia ilmaisumuotoja hakeva ja sen kirjoittaminen oli todella inspiroivaa. Itse ainakin olen nyt tästä päiväkirjamaisesta tekstintuottamistavasta innoissani.

17.1.

Hitaasti käynnistyvä päivä. Illalla ylivirittyneessä tilassa ei tahtonut uni tulla ja eilinen intensiivinen päivä tuntuu nyt väsymyksenä. Olo on vähän tyhjä, eikä käsillä uutta teosta, johon tarttua. Kännykkä kyllä piippaa varattujen kirjojen saapumisesta, mutta Järvenpään kirjasto on remontin takia suljettu ja joudun odottamaan, että pääsen hakemaan kirjapinoni. (Kyllä, Helsingissä on yliopiston Kaisa- ja kaupungin Oodi -kirjastot ja käytän kyllä myös niitä, mutta yllättävän paljon kirjoja löytyy myös lähikirjastosta). Ulkona lumimyräkkä.

Ryhdyn etsimään netistä eri yliopistojen tutkimusvaatimuksista kasvatukseen ja koulutukseen liittyviä kursseja ja poimin niissä käytettyjä teoksia, teen kirjastoon varauksia ja päätän, että tutustun näihin teoksiin. Mitä niissä kerrotaan koulutuksen, opetuksen ja kasvatuksen käsitteistä? Mitä on haluttu tai halutaan opettaa lukuvuosina 2017-2018 ja 2018- 2019 yliopisto opiskelijoille näistä teemoista. Tietojen hakeminen on vähän tylsää ja työlästä. Opinto-oppaat ja kurssit on eri yliopistoissa osattu piilottaa, jos minnekin Weboodin, Kamun tai muun hämärän systeemin kätköihin. Mitenhän opiskelijat löytävät kurssit? Todennäköisesti paljon helpommin kuin minä, joka ulkopuolisena kaivelen vieraita systeemejä. Myyräntyötä tehdessäni alan samalla epäillä, että kirjahanke rönsyää liikaa, mutta eihän sitä tässä vaiheessa voi vielä tietää, mihin päätyy. Joten aineistoa on oltava runsaasti.

24.1.

Istun pöydän ääressä iso pino kirjoja vieressäni. Maanantaina kirjasto aukeni remontin jälkeen ja hain painavan kassillisen varaamiani kirjoja. Tänään aion kahlata niitä läpi ja miettiä, mistä aloitan. Mielessäni on hautunut ajatus siitä, että jatkaisin Hirsjärven 80-luvun teoksen mukaisesti samalla vuosikymmenellä ja kävisin kirjoja kronologisesti läpi. Jos saisin hahmoteltua sitä muutosta, joka 80-luvulta tähän päivään on tapahtunut kasvatusalan käsitteistössä. Tästä pinosta kuitenkin tuskin löytyy 80-luvun teoksia, koska kyseessä on tämän hetken kurssivaatimuksissa olevat kirjat. Työskentelyni tulee todennäköisesti olemaan hyppelevää, eli toista kuin kirjan – ehkä kronologiset - teemat aikanaan. Käydessäni läpi eri yliopistojen opinto-oppaita ja kurssikuvauksia tajusin, että olenhan itsekin opettanut – ja usean vuoden ajan – Helsingin yliopistossa *Kasvatus, koulutus ja elämänkulku* nimellä ollutta kurssia. Miten tämä oli voinut jäädä minulta unohduksiin? Viimeisestä kurssista ei kuitenkaan ole aikaa kuin noin 5 – 6 vuotta. Päätän kaivaa myös kurssi muistiinpanoni kurssin sisällöstä – niistä on varmaan hyötyä. Mutta edelleen ihmettelen, etten muistanut näitä opettamiani kursseja edes tämän kirjan ideointi ja synopsiksen kirjoitus vaiheessa. Mistähän se kertoo? Hmmm?

Pinossa on mm. Antikaisen, Rinteen ja Kosken klassikko *Kasvatussosiologia* (2013). Teoksen ensimmäinen painos on vuodelta 2000 – ehkä sen voisi myös metsästää. Voisi olla mielenkiintoista katsoa, minkälaisia päivityksiä ja muokkauksia toimittajat ovat tehneet uusimpaan painokseen. Nyt tartun kuitenkin Antikaisen toiseen teokseen, vuodelta 1993 olevaan *Kasvatus, koulutus ja yhteiskunta*. Johdantoa lukiessani selviää, että tämäkin kirja on uudistettu painos aikaisemmin ilmestyneestä Johdatus kasvatussosiologiaan teoksesta. Laitan senkin varauslistalle.

Lukiessani Antikaisen 1993) kirjasta ranskalaisesta sosiologian klassikosta Durkheimista ja hänen käsityksistään yhteiskunnan yhteisyydestä, mietin miten historian saatossa perinne ja uskonto ovat määritelleet kasvatuksen ja koulutuksen sisältöjä. Toistoon ja asioiden säilymiseen (eli sen varjelemiseen ja jatkumisen takaamiseen, mitä on jo saatu aikaiseksi) perustuva kasvatus ja toisaalta uskonnon dogmien sanelema opetus on ollut jostain näkökulmasta aika selkeää ja sen periaatteet ja tavoitteet 'näkyvillä'. Mutta mistä kumpuavat nykypäivän ideaalit, jotka määrittävät kasvatusta ja koulutusta? Mitä ne ovat?

Individualismi? Yksilöllisyys? Individualismi, joka Durkheimille 1900-luvun alussa edusti modernin yhteiskunnan moraalia, maallista uskoa?

30.1.
Kirja pino pöydälläni on taas kasvanut, olen hakenut lisää kirjoja kirjastosta ja laiskasti selaillut niitä. Pino näyttää innostavalta ja samaan aikaan työläältä käydä läpi. Antikaisen (1993) kirja on edelleen kesken, joten jatkan sen kassa. Lumisade ulkona jatkuu ja pehmeään lumivaippaan kietoutunut pihamaisema on pysähtyneen oloinen.

Antikaisen kirjaa lukiessani mietin, että en voi ottaa tarkasteluuni mukaan kouluorganisaatiota, järjestelmiä, hierarkkisia suhteita tai tarkastella institutionaalisuutta (kuten koulutussosiologiassa tehdään). Tehtäväni on pysytellä tiettyjen käsitteiden määrittelyssä, vaikka se tuntuukin hankalalta, kun asiat liittyvät toisiinsa ja limittyvät ja lomittuvat. Antikainen (1993, 34) tuo esiin 1900 -luvun alussa vaikuttaneen amerikkalaisen sosiologin Wallerin ja hänen ajatuksensa siitä, että sosiaalinen instituutio muodostuu ideasta tai käsitteestä, kuten yliopisto tieteen ideasta ja koulu kasvatuksen ideasta. Jos tätä ajatusta jatkaa, niin voisiko ajatella, että perinteisesti ammatillinen koulutus on muodostunut koulutuksen ideasta. Tämän kautta palaan taas alkulähtökohtaani, mitkä ideaalit tai ideat tällä hetkellä määrittelevät sitä, mitkä ovat koulutuksen tavoitteet. Ja se, miten näitä ideaaleja ja ideoita toteutetaan, on sitten vielä eri juttu.

Toinen rajaus, jonka haluan tehdä, on se, että haluan fokusoida erityisesti siihen, miten koulutus, opetus, ohjaus ym. käsitteet määrittelevät peruskoulun jälkeistä koulutusta ja erityisesti mitä ne tarkoittavat, kun puhutaan korkeakoulutuksesta.

Tilanne: Jään jumiin Antikaisen kirjan kanssa. Yhtäkkiä tuntuu, että kirjassa käydään läpi niin paljon oleellisia asioita, etten pysty mitenkään niitä kaikki ottamaan mukaan ja tekemään niistä muistiinpanoja. Päätän kirjata keskeiset käsitteet ja ottaa joistakin sivuista kopiot, jotta pystyn myöhemmin paremmin palaamaan Antikaisen ja omiin kelailuihini. Ulkona sataa edelleen lunta ja hautaudun tänne kasvatusalan kirjojen, omien sekavien ajatusteni ja lumen keskelle.

Epäilys: Pelko, että kirjasta tule referaatti tai essee kasvatusalan klassikoista tai keskeisistä teoksista. Yritän rauhoittaa itseäni ja luottaa siihen, että saan kirjaan jonkun tuoreen ja uuden näkökulman ja kysymyksenasettelun.

31.1.
Luen välillä sohvalla, välillä pöydän ääressä tai nojatuolissa edelleen Antikaisen kirjaa. Tutut sosiologinimet Bourdieu, Weber, Mannheim ja muut vilahtelevat sivuilla. He kaikki ovat olleet mukana kehittämässä sitä ymmärrystä, jota meillä koulutuksen teorioista ja merkityksellisyydestä on. He ovat pohtineet yhteiskunnan, talouden, politiikan, perheen, kirkon ja vertaisryhmien merkitystä kasvatuksessa. Kasvatusta ja koulutusta yhteiskunnallisina systeemeinä ja koulutuspolitiikan mekanismeja. Pohdinnat ja teoriat ovat tärkeitä, mutta miten rajata sitä, mitä otan tähän kirjaan ja mitä jää ulos? Keskustelut kulttuurin, vallan, rahan, toimijuuden, vastarinnan, yhteiskuntaluokkien, sukupuolen, etnisyyden ja monen muun seikan kietoutumista koulutukseen ovat mielenkiintoisia ja tärkeitä (ja jotka itselleni koulutuksen tutkijana ovat olleet keskeisiä kiinnostukseni kohteita), mutta joutunen rajaamaan niitä tämän kirjan ulkopuolelle. Yritän lukiessani samalla kirkastaa itselleni omaa tehtävääni ja pyrkimystä pysytellä käsitteiden määrittelyssä.

6.2.
Makaan sohvalla ja luen. Kirjapinot ja lumihanki ovat taas kasvaneet. Olen siirtynyt Antikaisen toiseen, 1988 julkaistuun teokseen (ensimmäinen painos 1986) *Johdatus kasvatussosiologiaan*. Teos on suppeampi versio Antikaisen 1993 kirjoittamasta teoksesta (jonka luin ja josta kirjoitin siis aiemmin). Ja ymmärrettävästi teoksissa käsitellään samoja asioita. Olen saanut aineistoa siitä, miten kasvatussosiologian näkökulmasta kasvatuksen ja koulutuksen käsitteitä on tarkasteltu ja poiminut näitä määrittelyjä ylös. Yksinkertaistaen

18

voidaan sanoa, että kasvatussosiologia tarkastelee kasvatusta sosialisaationa ja koulu on yksi keskeisistä (jollei keskeisin) sosiaalistava instituutio. Lähtökohtaisesti sosialisaatio ymmärretään laajempana käsitteenä kuin kasvatus (joka on yksi sen osa-alue). Laajimmillaan sosialisaatio ymmärretään ihmisen kehittymisenä sosiaaliseksi olennoksi ja yhteiskunnan jäseneksi. Sivulla 67 Antikainen tekee kiinnostavan huomion, että sosialisaation käsitteeseen (ainakaan Antikaisen näkemyksessä) ei sisälly muuta oletusta lopputuloksesta kuin että ihminen sosiaalistuu yhteiskunnan jäseneksi ja voi elää yhteiskunnassa – vaikkapa sitten kapinallisena tai erakkona. Tämä määrittely sosiaalistumisesta tuntuu lempeältä ja inhimilliseltä. Yhteiskunnassa elämiseen – ja kuulumiseen – ei aseteta vaatimuksia 'mallikansalaisuudesta' tai samojen resurssien, arvojen tai tavoitteiden jakamisesta. Riittää, että pystyy elämään yhteiskunnassa, vaikkapa sen laitamilla. Mutta, kuka määrittelee sen, kuka meistä on keskiössä ja kuka laitamilla? Antikainen ei puhu keskiöistä tai laitamista ja mietin, miten minä päädyin tähän vastakkain asetteluun. Ovatko kapinalliset ja erakot mielestäni yhteiskunnan laitamilla – no, toivottavasti ei. Enkä sitä tarkoittanutkaan. Vaan jotenkin sen problematisoimista, kuka on kelpoinen? Tämän sosialisaation määrittelyn mukaan me kaikki, jotka ylipäätään voimme elää yhteiskunnassa, olemme kelpoisia. Jos sosialisaation tavoite voidaan ymmärtää näin väljänä, niin kasvatukseen liittyy varmaa enemmän tavoitteellisuutta? Jossain aikaisemmin Antikaisen kirjassa jonkun teoreetikon yhteydessä vilahti sana "manipulatiivinen". Onko kasvatus siis (aina, joskus, historiassa, nykyään) manipulatiivista? Mihin kasvatuksella pyritään? Antikainen puhuu tarkoitetusta ja tahattomasta sosiaalistamisesta. Tarkoitetun sosiaalistamisen eräs muoto on suunniteltu sosiaalistaminen ja tästä esimerkkinä on koulukasvatus. Mitä eroa on tarkoitetulla, suunnitellulla ja manipuloivalla toiminnalla? Hmmm. Tätä pitää miettiä...

Päivän helmi: Antikainen (1988, 117) siteeraa kirjansa loppusanoissa ranskalaista runoilijaa ja esseisti Paul Valerya: "Kaksi vaaraa ei milloinkaan lakkaa uhkaamasta maailmaa. Toinen on epäjärjestyksen tila. Toinen on järjestyksen tila."

7.2.

Lajittelen kirjapinon kirjoja eri vuosikymmenten mukaan ja siirryn nyt 80-90 -lukujen taitteessa alkunsa saaneeseen *Kasvatussosiologia* teokseen. Tämä Tuomas Takalan toimittama kirja on syntynyt neljän eri tekijäryhmän monimuoto-opetuskokeilua varten laatiman uuden oppimateriaalin pohjalta. Kokeilun antaman palautteen pohjalta muokattu kirjan ensimmäinen painos ilmestyi vuonna 1991. Minulla on käsillä kirjan 1995 julkaistu neljä uudistettu painos. Lähden siis lukemaan kirjaa ja katsomaan, millaisia määrittelyjä kasvatukselle ja koulutuksella on annettu. Näin kirjoittaessani huomaa, että olen keskittynyt juuri näiden termien etsimiseen ja tutkimiseen: kasvatus ja koulutus. Antikaisen kirjoista en juuri etsinyt opetukseen ja ohjaamiseen liittyvää termistöä. Mihin ne jäivät? Lähdin liian innoissani lukemaan kirjoja ja osa tehtävästi unohtui. Näiltä osin joudun palaamaan kirjoihin uudestaan.

Epäily: Tehtyäni tämän huomion, että en ole kuljettanut lukemisessani mukana opetuksen ja ohjaamisen käsitteiden etsintää epäilen, että en ole riittävän tarkka, luen ylimalkaisesti ja pohdintojani tullaan pitämään lepsuina. Mietin, miten pystyn tätä kirjan kaksoistehtävää kuljettamaan: ohjaavatko tähän päiväkirjaosioon tekemäni itseäni kiinnostavat huomiot liikaa myös sisältölukujen käsitteen määrittelyyn keskittyneitä lukuja. Haluan nyt kuitenkin siirtyä eteenpäin ja päätän palata Antikaisen teoksiin ensi viikolla.

Tilanne: Käyn kävelyllä ja palaan kirjoittamaan. Kävellessä mietin tuota pelkoa "lepsuudesta". Jos pohdintani ovat lepsuja, niin mitä sitten? Päätän, että en anna tämän ajatuksen pelottaa itseäni. Ajattelen, että olen elämässäni osoittanut ihan tarpeeksi, että pystyn muuhunkin kuin lepsuiluun ja lusmuiluun, niin että jos nyt pohdintani eivät kovin syvällisiä olekaan, niin ei haittaa. Annan itselleni luvan tehdä mielenkiintoisia havaintoja, ja muistutan itseäni, ettei pyrkimykseni olekaan syvälliseen analyysiin. Ehkä pikemminkin ajatusten tai keskustelun herättämiseen?

Huomio: Luen nettihesarista, että ihmisoikeusjärjestö Amnesty Internationalin kansainvälisen sihteeristön työilmapiiri on myrkyllinen. Mieleeni tulee väitöskirjaansa viimeistelevä terapia-asiakkaani. Hän kertoi, että ahdistus, erinomaisuuden tavoittelu ja vertailu muihin on saanut hänet jumittumaan, sairaslomalle ja työkyvyttömäksi. Yliopiston ilmapiiri on nykyään armoton. Jo itsessään kilpailu, analyyttisyys, kriittisyys, jatkuva arviointi ja erinomaisuuden vaatimus ovat haasteellisia, jos tämä kriittinen ja vertaileva katse kääntyy myös sisälle päin, ei ole ihme, että ihminen uupuu ja kokee itsensä riittämättömäksi. Asiakkaani käytti yliopiston ilmapiiristä sanaa toksinen. Viime aikoina on käytetty termiä "toksinen maskuliinisuus" viittamaan aggressiiviseen, kovaan ja myötätunnottomaan maskuliiniseen käyttäytymiseen. Termin käyttäminen työilmapiiriä kuvailevana on minulle uutta, mutta kuulostaa hyvin tunnistettavalta ja osuvalta. Mitä opiskelusta ja työskentelystä tällaisessa toksisessa ilmapiirissä seuraa ihmisten yhteisöllisyydelle, uteliaisuudelle, halulle tutkia ja tehdä työ hyvin – ja ennen kaikkea omalle hyvinvoinnille? Mitä siitä pitäisi ajatella, että ihmisoikeuksia puolustava ja toisaalta perinteisesti sivistystä puolustava instituutti koetaan ilmapiiriltään myrkyllisinä?

Jos kasvatuksen ajatellaan liittyvän sosialisaatioon, niin koulutuksesta käyty keskustelu linkittyy enemmän yhteiskunnallisen keskusteluun taloudesta, tuottavuudesta, (työ)markkinoista ja koulutusjärjestelmistä ja -politiikasta. Koulutuksella on vaikutusta niin suhteessa yksilön tuloihin, työn tuottavuuteen ja kansantuloon (Takala 1995, 47). Käsitellessään työntuottavuuden arvioinnin vaikeuksia Takala tuo esimerkkinä mahdottomasta ei-aineellisen työn arvioinnista sen että "yliopiston opettajan työn "tuotokset" eivät ole kovin järkevällä tavalla mitattavissa." (Takala 1995, 48). Se, mikä näytti 90 -luvulla järjettömältä tai mahdottomalta, on nykyisin vakiintunut käytäntö yliopistoissa: yliopistotyöläisten tuotoksia – valmistuneita graduja, opiskelijoita ja erityisesti julkaisuja – pisteytetään ja mitataan vimmatusti. Erilaisia mittareita on kehitetty, mutta miten mitata sitä, mikä ei mitattavaksi tahdo taipua?

Karu ajatus: "Pyrkimystä työttömyyden vähentämiseen koulutusta laajentamalla voitaisiin verrata ajatukseen, että jos kaikki juoksukilpailun osanottajat saisivat lisää harjoitusta juoksemisessa, kukaan ei sen jälkeen jäisi kilpailussa viimeiseksi" (Takala 1995,54))

14.2.

Lukeminen, ajatteleminen ja kirjoittaminen on tuntunut tukkoiselta. Olen kirjoittanut Takalan kirjasta termien määrittelyjä ylös, mutta en ole oikein saanut prosessoitua niitä eteenpäin. Päässä ei synny mitään luovia ideoita tai heurekoita. Yritän kuitenkin jaksaa puurtaa, vaikka väkinäiseltä tuntuukin. Luotan kuitenkin siihen, että kun lähden hahmottelemaan ja kirjoittamaan sisältö lukuja, niin pääsen kehittelemää tekstiä keräämäni aineiston avulla.

Tauko: Käyn kävelemässä ystäväni kanssa haastavan liukkaalla, osittain jäisellä ja osittain lumisella, kävelylenkillä. Puhumme myös tästä kirjoittamisestani ja siitä, miten innostunut olen ollut tästä päiväkirjamaisesta kirjottamisesta, vaikka se ei tänään sujukaan. Ystäväni kertoo, että häneen on tehnyt aikoinaan vaikutuksen Anna Makkosen kirjoitustapa teoksessa *Sinulle* (Makkonen 1996). Olen lukenut Makkosen teoksia, mutta en muista, että tätä kirjaa olisin lukenut. Kotiin palattuani laitan kirjan varaukseen kirjastoon.

20.2.

Aamupäivän olen kirjoittanut muistiinpanoja aikaisemmin lukemistani ja muistilaputtamistani Antikaisen ja Takalan teoksista. Vaikka tämä työ on vielä kesken, niin aivoni kaipaavat virkistystä ja valitsen seuraavan kirjan luettavaksi. Päädyn kolmen keskeisen Suomessa jo 1980-90 -luvuilla vaikuttaneen ja edelleen vaikuttavan kasvatusalan professorin Ari Antikaisen, Risto Rinteen sekä Leena Kosken toimittamaan järkäleeseen, lähes 500 sivuiseen, *Kasvatussosiologiaan*. Kirja on uudistettu viides painos vuodelta 2013. Pyörittelen kirjaa käsissäni – en ensimmäistä kertaa. Mietin, että en varmaan ole aikaisemmin lukenut koko kirjaa alusta loppuun, vaan joitakin osioita siitä. Veikkaan, että tämän kirjan lukemiseen tulee kulumaan aika tavalla aikaa, mutta toisaalta kirja on yksi keskeisistä alan teoksista. Jo johdantoluvun ensimmäiset rivit vakuuttavat, että tämän teoksen kanssa olen oman käsiteviidakkomatkani keskiössä: "Kasvatussosiologia etsii vastausta kysymyksiin, miksi kasvatusta ja koulutusta harjoitetaan sekä miten ja miksi kasvatuksen ja koulutuksen prosessit ja rakenteet ovat yhteiskunnan muutoksessa muotoutuneet sen kaltaisiksi kuin ovat?" (Antikainen, Rinne & Koski 2013, 11.) Sosiologian teoreetikoihin Karl Marxiin, Emile Durkheimiin sekä Max Weberiin viitaten tämä kysymyksen asettelu kiteytetään kysymykseen siihen, ovatko kasvatus ja koulutus yhteiskunnallisen kontrollin välineitä vai tarjoavatko ne yksilöille ja ryhmille mahdollisuuden toimijuuteen, omien tavoitteiden toteuttamiseen sekä yhteiskunnan muuttamiseen. Tiiviin ja asiatäyteisen johdannon lukemisen jälkeen päädyn siihen, että jatkan kuitenkin ensin aikaisemmin luettujen kirjojen muistiinpanojen kanssa. Teen ne loppuun ja sitten vasta uppoudun tähän tiiliskiveen.

Tilanne: Työni edistyy, mutta hitaasti. Kun väsyn kirjoittamaan muistiinpanoja, siirryn laputtamaan kirjoista tärkeät kohdat. Näin siirrän itse kirjoitustyötä, mutta toisaalta teen näkyväksi sitä, että edistyn. Ajatukseni tuntuvat poukkoilevan kuin sää ulkona. Lumen, veden, pakkasen ja lämpöasteiden vaihtelu on jatkunut jo pari viikkoa. Talven ja kevään päättämättömyys on kuin oma hyppivä tapani lukea ja kirjoittaa. Ulkona eilinen satanet vesilätäköt ovat tänään muuttuneet jääksi, satunnaisia lumihiutaleita leijuu ikkunan takana. Valon lisääntynyt määrä on huikeaa, eilen iltapäivällä kävellessäni töistä kotiin mustarastas lauloi talven vaimean sävelen jälkeen jo kantavalla ja vivahteikkaalla äänellä. Piristäisiköhän kirjoitustyötäni, jos vaihtaisin tähän keittiön ikkunaan talvenpunaisten verhojen tilalle keväisemmät?

28.2.
Viikon aikana olen jossain väleissä pyrkinyt kirjoittamaan laputtamiani muistiinpanoja tietokoneelle, mutta muuten aika on mennyt erilaisten hakemusten kirjoittamisessa sekä asiakastyössä. Plussa-asteet ulkona, lumikinosten päälle muodostunut kova ja ritisevä pinta, vesilätäköt ja lisääntynyt valo muistuttavat kevään etenemisestä. Keittiön ikkunaan ripustamani valkovihreät verhot siivilöivät kevyesti valoa. Talitintin ponteva laulu kuuluu sisälle asti. Luen Antikaisen, Rinteen ja Kosken *Kasvatussosiologiaa* ja pyrin muistuttamaan itseäni, että en tartu makrotason (yhteiskuntarakenne, yhteiskuntaluokat, talous, kulttuuri, valta ym) tai mikrotason (merkitykset yksilöiden tai ryhmien elämänkulussa ym.) kysymyksiin, vaan pyrin pitämään

23

fokuksen termien määrittelyssä. Vaikeaa! Käsitteiden käyttö ja määrittely, kun kuitenkin on politiikkaa ja sidoksissa kulttuuriin. Jo johdannossa tuli vastaan lista kirjoista, jotka olisi hyvä tsekata ja lukea. Kauhua herättää 2010-2012 julkaistu kolmiosainen kirjasarja *Suomen kasvatuksen ja koulutuksen historia*. Kuulostaa järkälemäiseltä. Ja toisaalta siltä, että mihin tätä minun kirjaani tarvitaan? Olisikohan tuo kirjasarja hyvää kesälukemista? Katson kuitenkin kirjaston sivuilta tiedot tuosta kirjasarjasta. Helpotuksekseni ensimmäinen kirja käsittelee kasvatusta ja koulutusta Suomessa keskiajalta 1860 -luvulle ja toinen kirja 1860-luvulta 1960-luvulle. Näin kauas historiaan minun ei tarvitse mennä, joten relevantti on vain tuo kirjasarjan kolmas teos, jossa tarkastelu ulottuu 1960-luvulta 2000-luvun Suomeen. Päätän kuitenkin vilkaista myös kaksi ensimmäistä osaa ja tarttua koko tähän pakettiin kesällä.

6.3.

Tänään minua on mietityttänyt jatkuvan kasvun problematiikka. Jatkuvaa kasvua olen tullut vuosien varrella miettineeksi – kuten varmaan lähes kaikki - suhteessa rahaan, talouskasvuun, luonnonvarojen käyttöön ja riittävyyteen, väestökasvuun ja hyödykkeisiin tai yleensä kuluttamiseen. *Kasvatussosiologiaa* lukiessani törmäsin myös ajatukseen koulutuksen suhteesta kasvuun. Näkemys koulutuksesta statuskamppailujen kenttänä näkyy siitä, että jokainen ammattikunta haluaa korottaa koulutustaan ja vanhemmat toivovat lapsilleen korkeampaa koulutustasoa kuin heillä itsellään on (Antikainen, Rinne & Koski 2013, 99). Jo tällä hetkellä suomalaiset ovat hyvin koulututtua kansaa ja uutisista voimme lukea, kuinka vähemmän koulutusta vaativiin tehtäviin on vaikea saada työvoimaa. Jos luonnonvaroille – varsinkin uusiutumattomille - on katto (vaikka emme sitä haluaisi tunnustaakaan), niin missä on koulutuksen katto?

Kaivoin illalla vielä hyllystä esiin Martha C. Nussbaumin teoksen *Talouskasvua tärkeämpää*. Olen selaillut kirjaa sen ilmestyttyä suomeksi 2011 ja nyt huomaan, että kirjan tematiikka sopii juuri täsmälleen pohdintaan siitä, mitkä ovat koulutuksen päämäärät. Ajatus siitä, että koulutetaanko meitä vaalimaan talouskasvua vai tulisiko koulutus kytkeä uudestaan humanistisiin tieteisiin ja taiteisiin – eli humanistiseen sivistykseen – on Nussbaumin keskeinen kysymys.

7.3.

Ulkona pyryttää lunta, aurinkoisista pakkaspäivistä ollaan siirtymässä huomiseksi luvattuun vesisateeseen, pihan omenapuussa hyppelee kaksi talitinttiä. Menen siksakkia *Kasvatussosiologia* teoksen kanssa. Välillä luen kirjaa eteenpäin ja välillä palaan takaisin tärkeiksi merkitsemiini kohtiin ja muodostan niistä muistiinpanoja ja lauseita sisältölukuja varten. Koska lukeminen on helpompaa kuin ajatusten ja lauseiden muodostaminen on työskentelystäni tullut tällaista hyppelevää. Toivon että se muuttaa soljuvammaksi. Nyt olen talitintti.

Tilanne: Kirjoitan koulutusta käsittelevään lukuun koulutuksesta statuskamppailujen areenana ja pohtiessani bourdielaisittain taloudellisen, sosiaalisen ja kulttuurisen pääoman jakaantumista, tulee parhaillaan lukiossa itselleen kulttuurista pääomaa hankkiva 19-vuotias poikani kertomaan, että hänet on kutsuttu työhaastatteluun, jossa haetaan työntekijöitä Stockmannin Hulluille Päiville. Ilahdun poikani puolesta, vaikka Hullut Päivät kuulostaakin markkinatalouden ja taloudellisen kasvun huipentumalta – mahdollisimman paljon tavaraa mahdollisimman halvalla. Mutta nuorilla (onko muillakaan?) ei juuri ole varaa valita töitä, työpaikoista on kova taistelu ja suurin osa ammattiin kouluttamattomien nuorten potentiaalisista työpaikoista taitaa sijoittua kulutuskulttuurin alueelle.

Pohdintaa koulutuksesta statuskamppailunareenana voisi jatkaa puolivakavasti sairausluokituksella – voisiko siinäkin kyseessä olla "diplomitauti"? Jo 1970 - luvulla Ronald Dore otti käyttöön termin "diplomitauti", jolla hän viittasi siihen, että koko yhteiskunnan ja ihmisten elämän pääasiaksi on noussut tutkintojen ja todistusten keräily ja että tämä toiminta on jo kauan sitten kadottanut mielekkyytensä. (Antikainen, Rinne ja Koski 2013, 147.) Hmm... jos jo 1970- luvulla nostettiin esiin erilaisten tutkintojen keräily ja sen mielekkyyden pohtiminen, niin millaisena tämä statuskamppailusta ja "diplomitauti" nykypäivänä näyttäytyy?

13.3.

Päivä on harmaan tuulinen, mittari noin nollassa. Johtuneeko harmaudesta vai mistä, että *Kasvatussosiologia* teoksessa esitetty ajatus siitä, että koulutuksen arvostaminen "kuninkaallisena valtatienä", joka johtaa kansalliseen ja yksilölliseen menestykseen, rapistui koska yhtenäisen massakoulutuksen nähtiin johtavan harmaan byrokraattisesti koulutettuun massaan sekä rajoittavan valinnan mahdollisuuksia, kilpailuviettiä ja kyvykkäiden ja laadukkaiden yksilöiden kohoamista esiin, kuulostaa niin raskaalta (Antikainen, Rinne & Koski 2013, 152). Toisaalta syynä voi olla se, että itse on opiskelut yliopistossa samaan aikaan, kun tämä 1980- ja 1990-luvun taitteessa tapahtunut käänne koulutuksessa tapahtui. Lapsuudesta ja nuoruudesta mieleen ovat jääneet kokemat, että koulutus kannattaa aina, ja että opintolainan maksaa takaisin suurin piirtein ensimmäisellä palkalla ja että korkeakoulutetuilla on hyvät työmahdollisuudet. Eli maalailtu tulevaisuus oli todella auvoinen. Kun nyt vuonna 2019 tiedetään, että korkeakoulutettuja on työttömänä vuoden 2019 tammikuun lopussa yhteensä 35 705 (Akaworks 2019) ja kun on saanut seurata omaa ja kollega tohtoreiden takkuista ja pätkittäistä matkaa työmarkkinoilla, väistämättä mieleen tulee julma optimismi.

Lauren Berlantin (2011) käyttää termiä julma optimismi kuvatessaan sisäistämäämme länsimaista tapaa ajatella, että kova työ ja parhaansa yrittäminen palkitaan. Viittamme tähän ilmiöön myös kollektiivista biografiaa käsittelevässämme teoksessa seuraavasti "Eeva Jokinen (2013, 6) käyttää julmasta optimismista esimerkkinä koulutusta. Nykyisin koulutus ei takaa esimerkiksi työpaikkaa, mutta koska muutakaan ei ole tarjolla, ihmiset pyrkivät uudestaan ja uudestaan kouluttautumalla parempaan. Julma optimismi tarkoittaa siis sitä, että on luottavaisesti kiinnitytty johonkin, joka tuottaa tavoitellun hyvän sijaan pikemminkin kärsimystä. Minna Nikunen (2014, 19) toteaa, ettei hyvän tavoittelu ole kuitenkaan yhtä kivuliasta kaikille. Se tuottaa eniten kärsimystä niille, jotka yrittävät saada jalansijaa maailmoissa, joita ei ole tehty heitä varten." (Palsaoja -kollektiivi 2018, 92).

Uskon hiipuminen koulutuksellisen tasa-arvonnimiin vannoneen kulutuspolitiikan aikaansaannoksiin on hiipunut ja on koittanut "Suuren Koulutustarinan loppu" (Antikainen, Rinne & Koski 2013, 153). Erityisesti ammatillisen ja akateemisen koulutuksen "Suuri Lupaus" kohti hyviin asemiin johtavista työ- ja elämänurista on muuttunut murenevaksi illuusioksi (Antikainen, Rinne & Koski 2013, 170). Kun suuri tarina loppuu, niin minkälaisia tarinoita sen jälkeen syntyy?

Tilanne: Onneksi aurinko pilkahtaa juuri pilvien välistä, kun kirjoitin edellisen kappaleen loppua. Ravistelen itseni synkistä ajatuksista ja päätän uskoa siihen, että koulutus tuottaa myös hyvää. Piristän itseäni lisää menemällä keittämään maitoa ja espressoa.

Jatkan *Kasvatussosiologian* parissa. Väite siitä, että koulutuksen tehtäväksi nousee tiedon jakamisen sijaan oppimiskyvyn kehittäminen kuulostaa uskottavalta ja jo toteutuneelta muutokselta. Tärkeiksi nousevat kvalifikaatiot kuten taito suorittaa valintoja, korjata mahdolliset epäonnistuneet valinnat, löytää sekä oman persoonallisuuden ominaisuuksiin että yhteiskunnan rakenteisiin kytkeytyviä selviytymisstrategioita kuulostavat paitsi Giddensin elämänpolitiikasta (Antikainen, Rinne & Koski 2013, 165), niin myös häivähdykseltä terapiamaailmasta. Tätä täytyy pohtia vähän lisää! Mitä jos opiskelijalla ei ole entuudestaan opiskeluun vaadittavia kvalifikaatioita? Elämä on voinut olla selviytymistä erilaisten puutteiden, laiminlyöntien ja kärsimysten keskellä. Mistä ammentaa itseohjautuvuutta, kykyä kontrolloida omaa toimintaa, asettaa itselle tavoitteita tai muita itsenäisen opiskelemisen vaatimia taitoa? Tuleeko kyvystä itsenäiseen opiskeluun uusi valikoinnin väline?

Irrallinen ajatus: Viime viikolla väitöskirjaansa kirjoittava terapia-asiakas kertoi, miten virkistävää oli ollut osallistua jatko-koulutusseminaariin, jossa ilmapiiri on kannustava ja optimistinen. Hän oli saanut hyvää palautetta ja uutta puhtia työnsä kirjoittamiseen. Huom! tätä seminaaria ei järjestetty Suomessa!

14.3.

Aamun lumisateen jälkeen räystäät tippuvat. Kukaan ei enää jaksanut tehdä aamulla lumitöitä, vaikka olisi ollut syytä. Katse on jo keväässä ja usko siihen, että lumet pian sulavat vahva. Aamupäivän olen lukenut tiedosta ja opetussuunnitelmasta. Molemmat keskeisiä asioita koulutuksen näkökulmasta. Opetussuunnitelma on Se Asiakirja, jossa tiivistyy se, mitä tietoa ja miten halutaan koulutuksen kautta välittää. Iso kysymys on se, miten tieto valikoituu ja organisoituu opetussuunnitelmaan. Mikä ja kenen tieto katsotaan legitiimiksi. Opetussuunnitelmaa ja sen merkittävyyttä on tarkasteltu monissa tutkimuksissa, mutta tässä ja nyt en kuitenkaan lähde pohtimaan opetussuunnitelmaa tämän enempää.

20.3.

Lumi pysyy maassa ja sää harmaana ja tuulisena. Kevät ei tunnu etenevän, enkä minäkään tahdo edetä *Kasvatussosiologian* kanssa. Tai ehkä me edetään molemmat, mutta hitaasti ja tuskin huomattavasti. Olen kuitenkin ponnistellut kolme lukua ja noin 100 sivua eteenpäin ja saanut taas runsaasti aineistoa sisältölukuihin. Olen lukenut mm. minulle jo aiemmin tutuista koulutussukupolvista, jotka on muodostettu sekä tilastojen että elämäkulun näkökulmasta. Kokemukselliset koulutussukupolvet jakaantuvat ennen vuotta 1935 syntyneisiin, vuosina 1936-1955 syntyneisiin sekä 1956 tai sen jälkeen syntyneet. Keskimmäinen koulutussukupolvi on noin 20 vuoden pituinen, mutta ensimmäinen ja viimeinen ovat äärettömät. (Antikainen, Rinne & Koski 2013, 315 – 316.) Hmmmm…. Tämä luokittelu pätee varmaan 1900 -luvulla syntyneisiin, mutta kuinka pitkälle tuo kolmannen sukupolven luonnehdinta "hyvinvoinnin ja monien koulutusvalintojen sukupolvi" jatkuu? Mietin että onko tehty vastaavia uudempia tutkimuksia, jotka ulottuisivat 2000 -luvulla syntyneisiin ja onko jossain kohtaa näkyvissä uuden koulutussukupolven hahmottuminen? Hyvinvointi ja monet koulutusvalinnat luonnehtivat varmaan edelleenkin koulutusvalintoja tekevää ikäluokkaan, mutta onko tullut lisää jotain muita, uusia, merkittäviä ja aikaisemmasta koulutussukupolvesta erottavia tekijöitä?

21.3.

Tilanne: lojun sohvalla läppäri sylissä ja mietin, mitä tältä päivältä voisin kirjoittaa. Olen lähinnä purkanut aikaisempia tekemiäni merkintöjä tekstiksi sisältö lukuihin. Ainakin lukuihin työnimiltä johdanto, koulutus ja kasvatus on tullut lisää tekstiä. Pyörittelen mielessäni edellisellä viikolla (15.3) Helsingin Sanomissa lukemaani mielipidekirjoitusta. Jutun allekirjoittajina oli kattava edustus Suomen kasvatustieteen professoreja. Otsikon *"Onko koulutus irrallaan muusta maailmasta"* alla tuodaan julki huoli siitä, miten yksilöpsykologinen näkökulma on saanut yhä enemmän jalansijaa koulutuksen kentällä. Samaan aikaan yhteiskunnallinen ja filosofinen näkemys ovat jääneet sivummalle. Se, että koulutus on aina historialliseen ja yhteiskunnalliseen kontekstiin sidottua poliittista sekä yhteiskunnallista toimintaa, sidoksissa yhteiskunnan rakenteisiin, vallan mekanismeihin ja uskomusjärjestelmiin, on kirjoittajien mielestä jäänyt nykykeskustelussa piiloon. Kirjoittajien mielestä koulutuksessa ja erityisesti opettajankoulutuksessa tulisi kriittisesti huomioida kestämätön elämäntapamme sekä luoda ja antaa välineitä ekologisen sivistyksen lisäämiseksi. En voisi olla enempää samaa mieltä.

Suomen koulutusjärjestelmää on pidetty tasa-arvon, maksuttomuuden ja elinikäisen oppimisen mallin myötä heijastavan pohjoismaista hyvinvointivaltion yhtenä saavutuksena. 1990 -luvulta lähtien on nähty kriisinmerkkejä erilaisten leikkausten sekä uusmanagerialismin tuoman tulosohjauksen, tulosbudjetoinnin, koulujen arvioinnin ja yksityistämisen ja kaupallistumisen muodossa (Antikainen, Rinne & Koski 2013, 364-365). Raha tuntuu määrittävän tällä hetkellä monia koulutuksen osa-alueita, ryhmäkokoja, tiloja, mitkä oppiaineet tai koulutusalat ovat työmarkkinoiden näkökulmasta kannattavia. Samalla usko koulutuksen tasa-arvoistavaan vaikutukseen on 1970 -luvun optimismin ajoista murentunut (Antikainen, Rinne & Koski 2013, 365).

27.3.

Olen purkanut muistiinpanojani tekstiksi ja iltapäivällä silmäilen pöydällä olevaa kirjapinoa ja mietin, mihin kirjaan seuraavaksi tarttuisin. Idea kirjojen julkaisuajankohdan mukaisesta kronologisesta lukemista on jo hylätty, joten mitään varsinaisia kriteerejä lukemisjärjestykselle ei taida olla. Antikaisen, Rinteen ja Kosken lähes 500 sivuisen tiiliskiven kahlaamisen jälkeen päätän tarttua artikkelikokoelmaan ja lyhyempiin kokonaisuuksiin. Se tuntuu ajatuksena nyt jotenkin kevyemmältä. Artikkelikokoelmia on pinossani useampia, mutta tartun Tapio Aittolan vuonna 2012 toimittamaan *Kasvatussosiologian suunnannäyttäjiä* teokseen. Kirjassa on prologin ja epilogin lisäksi 15 artikkelia, jotka käsittelevät aina jotakin kasvatussosiologian alueella vaikuttanutta teoreetikkoa. Sisällysluettelossa mainitaan koulutus neljä kertaa ja kasvatus kuusi kertaa – siispä hommiin! Prologissa Tapio Aittola kertoo kirjan syntyneen tarpeesta koota yhteen kasvatussosiologiassa vaikuttavien suunnannäyttäjien teoreettisia näkökulmia (Aittola 2012, 7) ja sisällysluettelon mukaan ensimmäiseksi suunnannäyttäjäksi on valikoitunut Karl Mannheim.

28.3.

Aamu kahvia juodessa luen Helsingin Sanomista otsikon "En aio tehdä mitään koulutuslupausta" (HS 28.3). Hesari haastattelee eri edustakuntapuolueiden puheenjohtajia ja tänään on vuorossa kokoomuksen puheenjohtaja ja valtiovarainministeri Petteri Orpo. Lehdessä todetaan, että kokoomus on ollut kahden vuoden aikana mukana leikkaamassa koulutuksesta noin 1,5 miljardia euroa – vaikka edellisten vaalien alla puolue oli luvannut, että koulutuksesta ei leikata. Nyt vuoden 2019 vaalien alla ei siis luvata mitään. Myöhemmin lehtijutussa Orpo toteaa että: "Koulutus on kaiken hyvän tulevaisuuden perusta, johon pitää suunnata riittävät resurssit." Mutta mitään ei siis luvata ja edelliselläkin kaudella rikottiin lupaus koulutuksen rahoituksen suhteen. Hmmmm... Onko siis parempi olla lupaamatta mitään, ettei myöhemmin tule rikkoneeksi lupauksia, vai olisiko "kaiken hyvän tulevaisuuden perusta" kylliksi tärkeä syytä tehdä lupauksia ja sitoutua niihin? Kuinka paljon koulutusta arvostetaan tänä päivänä Suomessa?

Luin Aittolan toimittaman kirjan johdannosta, miten toisen maailman sodan jälkeen Saksassa jouduttiin miettimään kasvatusta ja yhteiskunnan arvoja kokonaan uudelleen. 1900 -luvun alussa Saksassa syntynyt kriittinen ajattelija Adorno osallistui aktiivisesti keskusteluun "Auschwitzin jälkeisestä" kasvatuksesta, jonka tavoitteena hänen mielestään tulisi olla kriittinen subjektiviteetti ja kyky vastustaa auktoriteetteja. (Aittola 2012, 21.) Tässä tuleekin hyvin esiin kasvatuksen dilemma tai kaksoistehtävä: toisaalta kasvatuksella pyritään "sosiaalistamaan" vallalla olevaan kulttuuriin ja tapoihin. Toisaalta – varsinkin kriittisen pedagogiikan parissa – kasvatuksen tehtävänä on myös kasvattaa kriittisiä ja alistamista vastustamaan kykeneviä kansalaisia.

Tilanne: Aurinko paistaa ulkona, on ensimmäisiä lämpimiä kevätpäiviä. Mittarissa on kahdeksan astetta lämmintä, mutta piha vielä osittain lumen peitossa. Mietin, voiko äskeisissä kappaleissa olevia isoja asioita tuoda esiin näin lyhyesti, ilman että niitä pohtii paljon syvällisemmin. Toisaalta uskon, että nämä keskustelut ja pohdinnat elävät ja syvenevät kirjan myötä. Esimerkiksi Adornon ajattelusta on Aittolan toimittamassa kirjassa myöhemmin oma lukunsa ja keskustelu kasvatuksen päämääristä ja Adornon kriittisestä ajattelusta tulee jatkumaan ja syventymään sisältöluvussa, jossa käsittelen spesifimmin kasvatusta.

Ilta: Tuolilla ja sohvalla jumittamisen vastapainoksi kävin lenkillä. Oli virkistävää hengittää kosteaa kevätilmaa, vaikka tiet ovatkin vielä hiekkaisia ja lakaisemattomia ja sepeli painuu lenkkareiden pohjan kuvioiden rakosiin. Mustarastaan laulun lisäksi kuulin ja näin joutsenparven muuttomatkalla sekä valkoharmaan rusakon hyppelemässä viimeisillä keväthangilla. Mietin, tarttuisinko vielä Aittolan toimittamaan kirjaan...

3.4.

Aurinko paistaa ja lämpöasteita on yli nollan. Ikkunat näyttävät harmailta ja pölyisiltä. Mieleen tulee Alvar Aallon toteamus, että valo taittuu kauniimmin pesemättömien ikkunoiden läpi. Ei siis kiirettä pesemään ikkunoita. Sen sijaan luen Aittolan (2012) toimittaman kirjan ensimmäisen osion *Uuden kasvatussosiologian juuret ja vakiintuminen.* Osiossa esitellään neljä kasvatussosiologian vaikuttajaa ja luvuissa tarkastellaan koulutusta sukupolviteorian (Karl Mannheim), sosialisaatioprosessin (Peter Berger & Thomas Luckmann) sekä tiedonteorian (Michael Young) kautta. Luvut ovat tiiviitä tietopaketteja ja mielenkiintoisia, mutta kovin paljoa en kirjani sisältölukuihin saa materiaalia. Jotain kuitenkin.

4.4.
Aurinko paistaa, lämpöasteita on varmaan lähemmäs kymmenen. Pihalla on vielä jäisiä lumikasoja, mutta omenapuun alla esiin tulleista krookuksista ensimmäiset ovat jo kukassa. Aamupäiväkävelyllä kuulen pitkästä aikaa uuttukyyhkyn huhuilun ja sitä kuunnellessani minut säikäyttää tien vieressä pörhistelevä ja kovaääninen fasaani. Kevät!

Jatkan Aittolan toimittaman kirjan lukemista. Vuorossa on toinen osio nimeltä *Kasvatuksen ja koulutuksen reproduktioteorioita.* Ensimmäisenä esitellään Algeriassa syntynyt ja ranskalaisena marxilaisena ajattelijana tunnetuksi tullut Louis Althusser, jonka teorioissa keskeisenä on ajatus koulutuksesta yhtenä valtiokoneistona. Althusserin mukaan "ideologiset valtiokoneistot soittavat yhteisessä konsertissaan samaa partituuria eli hallitsevan luokan ideologian partituuria." (Huttunen 2012a, 101.) Eli päästään taas tuttuun kysymykseen siitä, että onko koulutuksen tehtävä sopeuttaa vallitsevaan – ja kenen? etuoikeutettujen? eliitin? – kulttuuriin? Myös englantilainen kasvatussosiologi Bernstein tuo omassa kieliteoriassaan esiin erilaisten kulttuuristen tai sosiaalisten taustojen merkitykset ja sen, miten erilaisista taustoista tulevat ovat omaksuneet erilaiset kieli koodit. Omaksutut kielikoodit voivat olla koulutuksessa ja vuorovaikutustilanteissa (opettajia ja oppilaita) yhdistäviä tai erottavia tekijöitä. Ranskalainen sosiologi Bourdieu tarkastelee myös koulutusta luokkateoreettisesta näkökulmasta ja näkee koulutusjärjestelmän välittävän hallitsevan luokan kulttuuria ja siten säilyttävän yhteiskunnan valtasuhteita ennallaan (Liljander 2012, 146). Luokka-ajattelua jatkaa seuraavaksi brittiläinen kulttuurintutkija Willis, joka tarkastelee koulutusta erityisesti suhteessa kulttuuriin, alakulttuureihin ja nuorisokulttuuriin. Tulee mieleen ajatus (en muista kenen esittämä), että koulu on yhteiskunta pienoiskoossa. Hmmmm. Mieleen pulpahtaa edellisestä Antikaisen, Rinteen ja Kosken kirjasta mieleen jäänyt väite siitä, miten koulutuksellinen tasa-arvo ei ole toteutunut hyvistä pyrkimyksistä huolimatta, koulussa tapahtuvat jatkuvat arvioinnit ja erilaiset valikoinnit (niin näkyvät kuin näkymättämät) sekä koulukiusaaminen. Minkälaisessa yhteiskunnassa me nyt elämämme ja millaisia eväitä tulevaisuuden yhteiskunnan rakentamiseen tämän päivän koululaiset ja opiskelijat saavat?

10.4.
Superlämpimien ja aurinkoisten kevätpäivien jälkeen aamulla on kevyt lumipeitto maassa. Narsissit terassilla nuokkuvat ja krookusten kukat pihalla pysyvät supussa. Taivaalla leijuu pieniä kevyitä lumihiutaleita. Huhtikuu on kuukausista julmin. Tarkoittaako se tätä armotonta sään vaihtelua vai hämärän talven jälkeen kaiken paljastavaa terävää valoa?

Armottomuuden ja armon ajatukset jatkuvat lukiessani Aittolan kirjan kolmatta osiota *Kriittisen teorian perillisiä.* Erityisesti ensimmäisenä esitellyn 1900 -luvun alussa Saksassa syntyneen filosofin ja ajattelijan Theodor W. Adornon painavat sanat kasvatuksen ja koulutuksen tavoitteista Auschwitzin jälkeen jäävät mieleen. Hänen mielestään kasvatuksen tulee kasvattaa kohti kriittistä tietoisuutta, sivistää, pehmentää ja kultivoida karkeaa ihmisluontoa. Kasvatuksen tavoitteeksi nousee inhimillisyys ja solidaarisuus erilaisuuden vuoksi. (Matthies 2012, 203–204). Nämä tavoitteet tuntuvat erityisen painavilta nyt, aina. Miten muistaa, muistuttaa ja kasvattaa aina uudet sukupolvet siihen, ettei Auschwitz enää toistu? Aikana, jolloin erilaiset kahtiajaot, vihapuheet, rasismi ja seksismi tuntuvat nousevan taas esiin.

Osiossa esitellään myös kaksi muuta saksalaissyntyistä teoreetikkoa ja yhteiskuntatieteilijää Jürgen Habermas (Huttunen 2005b) sekä Thomas Ziehe (Aittola 2012b). Habermas ei varsinaisesti käsittele kasvatukseen tai koulutukseen liittyviä kysymyksiä, mutta hänen teorioitaan on jonkin verran sovellettu Suomessakin. Ziehe puolestaan on liikkunut erityisesti nuorisotutkimuksen ja koulututkimuksen välimaastossa. Osion lukemisen jälkeen mieleen jäävät painokkaammin ja selkeimmin kasvatuksen tavoitteisiin kantaa ottaneen Adornon teesit.

Muista: "Tärkein kasvatukselle asetettavista vaatimuksista on, ettei Auschwitz enää toistu. Tämä menee niin selvästi kaiken muun edelle, etten usko, että minun täytyy tai pitäisi sitä perustella. [...] Jokainen keskustelu kasvatusihanteista on mitätön ja merkitykseön verrattuna siihen pääasiaan, ettei Auschwitz enää toistuisi. Se oli barbariaa, jota vastaan kaikki taistelee. (Adorno 1980, 85)" (Matthies 2012, 199.)

11.4.

Aamu on kirkas ja kaunis. Yöllä on ollut pakkasta. Aloittelen päivän lukurupeamaa, vuorottelen pöydän ääressä, nojatuolissa ja sohvalla – kirja kädessä.

Pedagoginen mikrovalta ja feministinen orientaatio on Aittolan toimittaman kirjan seuraava osio. Ranskalainen filosofi, poikkitieteellinen ja eklektinen Michelle Foucault esitellään ensimmäisenä. Foucaultin valtaa, tietoa, subjektia ja diskursseja koskevia teorioita on sovellettu ja käytetty paljon kasvatus- ja koulutustutkimuksissakin. Mutta mitä Foucault itse sanoo kasvatuksesta ja koulutuksesta? Foucaultin mukaan koulussa toteutetaan kurinpitovaltaa (vankilan ja armeijan ohella) toisiin oppilaisiin vertaamisen, mittaamisen, rankaisemisen ja palkitsemisen kautta. Foucaultin analyysi tuo esiin sen, että kasvatukseen liittyy aina valtaa – sekä kielteisessä että myönteisessä mielessä. (Husa 2012, 277-280.)

Kirjan ensimmäiset ja ainoat naisiksi luokitellut ajattelijat ja teoreetikot esitellään seuraavaksi: 1950 -luvulla syntyneet Beverly Skeggs (Lappalainen 2005) ja bell hooks (Vuorikoski). Kuten Foucaultin, myös Britanniassa syntyneen Beverly Skeggsin sekä amerikkalaisen bell hooks:in teoriat kietoutuvat valtaan. Skeggsin tarkasteluissa on erityisesti yhteiskuntaluokka ja se, miten se resonoi koulutukseen. hooks puolestaan tarkastelee kasvatusta suhteessa moninaisiin kulttuurisiin jäsennyksiin ja erontekoihin. hooksille kasvatus on erityisesti kasvatusta vapauteen ei sopeuttamista.

Tilanne: Pysähdyn edellisen kappaleen muotoilun jälkeen. Huomio siitä, että kasvatussosiologian klassikkoja ja teoreetikkoja esittelevässä kirjassa ei juurikaan ole naisia, ei sinänsä ole mitenkään yllättävä. Tiedemaailmassa naistutkijat ja -teoreetikot ovat olleet harvassa ennen 1900-luvun alkupuolta. Pohdin kuitenkin sitä, että kannattaako juuri tässä Skeggsin ja hooksin yhteydessä nostaa sukupuolikysymys esiin. Miksi en ole sitä aiemmin ihmetellyt? Vasta näiden naisten esiin nostaminenko toi sukupuolen esiin? Ikään kuin sukupuoli merkityksellistyisi vasta nyt. Vaikka se on ollut läsnä koko ajan. Tämä vaivaa minua nyt tosi paljon. Aikaisempien Adornojen, Antikaisten tai Durkheimien yhteydessä ei ole tullut tarve mainita heidän sukupuoltaan. Nyt halusin Skeggsin ja hooksin yhteydessä nostaa esiin sen, että hei! onhan olemassa myös naisteoreetikkoja. Mutta saman tien heidän nostamisensa NAIStutkijoina tuntuu kategorisoivalta ja kapeuttavalta, vanhanaikaiselta ja turhauttavalta.

Menen takaisin sohvalle makaamaan, häpeämään ja lukemaan Aittolan kirjan viimeistä osiota.

17.4.
Loistava, aurinkoinen kevätaamu. Pääsiäisviikko. Lämpimän ja aurinkoisen sään on luvattu kestävän pääsiäisen yli. Eilen illalla pyöräillessäni näin fasaaneja, valtavan ison rusakon, sinisorsia ja kolme metsäkauris ta (tai peuroja tai...) ruokailemassa pellolla. Linnut lauloivat äänekkäinä. Heräsin myös tänä aamuna auringonnousun aikaan lintujen "huutoon", onneksi nukahdin uudestaan. Viime sunnuntaina olivat eduskuntavaalit. Tulee olemaan todella mielenkiintoista seurata, minkälaisia koulutuspäätöksiä uusi hallitus tulee tekemään.

Aittolan toimittama kirja on nyt luettu. Muistiinpanoja siitä on vielä kirjoittamatta ylös, mutta rinnalle valitsen uuden kirjan. Tutkailen kirjapinoa (joka ei tunnu hupenevan) ja valitsen intuitiolla toisen artikkelikokoelman *Koulutuksen ja kulttuurin merkitystä etsimässä* (2005). Kirja on laaja – noin 350 sivuinen - katsaus koulutussosiologiaan. Kirja on Ari Antikaisen 60-vuotisjuhlakirja, johon hänen kollegansa ja entiset opiskelijansa ovat kirjoittaneet artikkeleja. Kirja on minulle entuudestaan tuttu, olen siitä joitakin artikkeleja lukenut, mutta en kirjaa kokonaisuudessaan. Mielenkiinnolla käyn sen pariin.

24.4.
Kevät on tehnyt valtavan harppauksen. Aurinko paistaa ja päivällä lämpötila on 20 asteen tietämissä. Ensimmäiset sini- ja valkovuokot ovat jo nousseet metsänlaitamille. Mielessä alkaa siintämään jo kesä ja ajatus riippumatosta, jossa voi lueskella. Nyt olen kuitenkin tyytynyt lukemaa nojatuolissa Antikaisen juhlakirjaa.

Kirjan ensimmäisessä artikkelissa käsitellään Durkheimia. Hänen näkemyksensä kasvatuksesta sosiaalisena ja moraalisena kysymyksenä ovat tuttuja, mutta työnjakoteorian ja erityisesti työnjaon poikkeavien muotojen tarkastelu suhteessa kasvatukseen ja koulutukseen on minulle uutta. Artikkelin kirjoittanut tunnettu suomalainen sosiologi Erik Allardt (2005, 24-25) toteaakin, että suomalaisissa Durkheimia käsittelevissä kasvatussosiologisissa pohdinnoissa ei poikkeavan työnjaon muotoja ja niiden aiheuttamia sosiaalisia ongelmia juurikaan käsitellä. Hän perääkin tutkimuksia, joissa käsiteltäisiin anomian ja pakkoon perustuvan työnjaon vaikutuksia myös kasvatuksen ja koulutuksen maailmassa. Allardtin mukaan anomia voi tarkoittaa työelämässä esimerkiksi sitä, että työnjaon nopeasti muuttuessa eri osapuolet – esimerkiksi työnantajat ja työntekijät – omaavat erilaiset käsitykset työn tarkoituksesta ja erilaisten toimenpiteiden oikeutuksesta. Pakkoon perustuvat työnjako puolestaan syntyy silloin, kun yhteiskunnallisen eriarvoisuus on merkittävää, esiintyy luokkaristiriitoja ja tasa-arvoisuuden edellytyksiä on laiminlyöty. (Allardt 2005, 25.) Kuulostaa jotenkin tutulta – olemmeko siirtyneet poikkeavan työnjaon maailmaan?

Epäilys: Vaikka tämän kirjan työstäminen tuntuu ajoittain sujuvan ja jotenkin järkevältä, niin mieleen hiipii kuitenkin jatkuvasti epäilyjä, tuntuu, että luen vain kirjoja, teen muistiinpanoja ja reflektoin päiväkirjaan lukemaani. Mutta mitä kohti olen menossa? Osaanko sanoa jotain merkittävää ja uutta tästä aiheesta? Toisaalta ahdistuksissani yritän muistaa Bengt Holmströmin taannoin Helsingin Sanomissa (HS 18.4) toteaman ajatuksen siitä, että kysymykset ovat tieteessä tärkeämpiä kuin vastaukset. Eli jos pystyn edes joitakin merkityksellisiä kysymyksiä esittämään, niin voisiko se olla tarpeeksi?

25.4.
Aamulla sai taas herätä auringon paisteeseen ja linnun lauluun - kesänkaltainen sää jatkuu. Hesaria lukiessa katse kiinnittyi koulutuksen tasa-arvoisuutta käsittelevään juttuun (HS 25.4, B9) otsikolla *"Koulutuksen tasa-arvo edistää onnellisuutta. Erot hyvinvoinnissa tasoittuvat, kun vähävaraiset saavat mahdollisuuksia kouluttautua."* Huomaan hiiltyväni tämän Tiede sivuilla olevan Euroopan maita vertailevan koulutusta koskevan uutisen äärellä. Siis kenelle tämä on uutinen? Ja mitä se kertoo meidän yhteiskunnasta, Euroopasta, maailmasta, että vielä 2010 -luvulla nostetaan vähävaraisten mahdollisuus kouluttautua uutiseksi? Tulee mieleen Antikaisen, Rinteen ja Kosken (2013) *Kasvatussosiologia* kirjan synkeät loppulauseet siitä, että hyvinvointivaltio on muuttumassa kilpailuvaltioksi (Antikainen, Rinne & Koski 2013, 433). Koulutusjärjestelmät ovat jatkuvan arvioinnin, uudelleen organisoinnin ja muutoksen tilassa, mutta miten kilpailuun ja kapitalismiin liittyvät suorittamiseen, tehokkuuteen ja taloudellisiin säästöihin ja näkökulmiin perustuvat arvot vaikuttavat koulutuksen sisältöön ja tavoitteisiin – ja siihen, kenelle koulutus on mahdollista?

Yritän rauhoittua ja siirtyä jatkamaan Antikaisen juhlakirjan lukemista. Seuraavissa artikkeleissa luen lisää Durkheimista, marxismista, Weberistä sekä tiedon problemaattisuudesta opetussuunnitelmassa ja koulutuspolitiikassa. En oikein pysty keskittymään lukemiseen ja merkittävin ja sykähdyttävin anti itselleni on se, miten lämpimästi brittisosiologi Michal Young (2005, 46-47) kertoo kohtaamisistaan Ari Antikaisen kanssa ja mikä merkitys kohtaamisista hänelle ja hänen uralleen on ollut. Henkilökohtainen on poliittista ja henkilökohtaisilla suhteilla ja sidoksilla on merkitystä.

2.5.

Lämpimän ja aurinkoisen vapun jälkeinen torstai on harmaa ja sateinen. Sade tekee luonnolle hyvää, mutta itseäni matalapaine väsyttää. Yritän jatkaa koulutuksen merkityksen etsimistä lukemalla Antikaisen juhlakirjaa (2005). Toisaalta lukiolaisten ja kohtaamieni opiskelijoiden uupumus mietityttää. Ketä ja mitä varten nyky-yhteiskunnassa opiskellaan? Juhlapuheissa ylistetään Suomea koulutuksen mallimaana, mutta mitä on todellisuus? Tavoitteiden ja kilpailun lisääntyessä ja koventuessa ja samanaikaisesti säästötavoitteiden paineissa sekä opiskelijat että opettajat väsyvät ja menettävät motivaation.

Tilanne: Tämän viikon maanantaina Hesarissa (HS 29.4) julkisti tekemänsä laajan selvityksen lukiolaisten kokemasta stressistä. Helsingin Sanomien teettämä kysely oli lähetetty 15 lukioon, joiden sisäänpääsyrajana viime keväänä on yli 9 keskiarvo. Kyselyyn vastaaminen oli opiskelijoille vapaaehtoista. 1080 opiskelijaa vastasi kyselyyn. 91% vastanneista oli kokenut lukio aikana stressiä ja jopa 59 prosenttia koko jatkuvaa kuormittavaa stressiä. Sekä ajoittaista että jatkuvaa stressiä kokeneista suurin osa on tyttöjä. Samalla on uutisoitu myös vakavasta väsymyksestä. Hälyttävän suuri määrä lukiolaisia on stressaantuneita, väsyneitä ja itkuisia. Myös Lukioselvitys 2017 mukaan koulu-uupumus on kasvanut. Lukiolaistytöistä noin joka viides ja pojista alle 10 prosenttia kokee koulu-uupumusta. Tärkeitä asioita tavoitellessamme usein uuvumme ja hyvä stressi voi olla ponnin ja hyvä asia, mutta missä menee raja hyvän ja pahan stressin välillä? Kuinka paljon opiskelu voi ja saa uuvuttaa, jotta opiskelijat jaksavat samalla elää arkea, muodostaa ihmissuhteita ja haaveilla tulevaisuudesta?

8.5.

Koulutuksen tarkasteluun ja järjestämiseen kietoutuu valtavasti asioita: valta, tieto, yhteiskunta, työelämä, käsitys opettamisesta ja oppimisesta, kansalaiseksi kasvaminen, sivistys... ja paljon muuta. Kasvatusta ja koulutusta voidaan tarkastella yksilön sisäisenä tai yhteiskunnallisena prosessina. Koulutus on ollut Suomessa myös keskeisessä roolissa kansakunnan itsenäisyyden lunastuksessa sekä kulttuuritaistelussa omasta identiteetistä ja kielestä. Koulutuksen historiaa tarkasteltaessa esiintyvät esimerkiksi nimet Snellman, Leino, Runeberg sekä monta muuta valtiollista tai kielipoliittista vaikuttajaa. (Kauppila & Suoranta 2005, 67 -72.) Koska koulutus kohdistuu koko ikäluokkaan, sen vaikutus on suuri – erilaiset näkemykset, painotukset ja tavoitteet koulutuksen järjestämisestä johtavat suurempiin tai pienempiin kiistoihin. Asiantuntijoiden laatimiin lausuntoihin ja erilaisissa työryhmissä kirjoitettuihin opetussuunnitelmiin pyritään puristamaan jonkinlainen kompromissi, mihin tulevaisuudessa pyritään.

Tilanne: Hesarin teettämä kysely lukiolaisten stressistä on poikinut viikon aikana runsaasti keskustelua mielipidepalstalla sekä asiantutkijoiden että opiskelijoiden ja opettajien kommentoimina. Nuorisolääketieteen ja psykologian edustajia Helsingin Sanomissa (HS 3.5 A 16-17) ja he arvioivat, että moni opiskelija on kokenut stressiä liikaa ja liian pitkään. Artikkelissa esitettiin huoli myös siitä, miten pitkäaikainen stressi ja kuormitus vaikuttaa nuorten vasta kehittymässä oleviin aivoihin. Samansuuntaisia tuloksia kuin Hesarin kyselyssä on Terveyden ja hyvinvoinnin laitoksen vuoden 2017 kouluterveyskyselyssä sekä Nyyti ry. toisen asteen opiskelijoille teettämässä verkkokyselyssä (ks. esim. Ahomies 2017). Professori emeritus Kari Uusikylä kirjoitti (HS 4.5) raivoisan mielipiteen siitä, miten lukiot ovat elinkeinoelämän ohjauksessa ja miten "Sivistyskoulumme tilalle rakennetaan isoja kuplahalleja kilparatoineen, täynnä innoa, digiä, tivolimeininkiä ja huippupuheita. Helsingin Sanomien artikkeli huippulukioista kertoi, mihin markkinahumu johtaa." Hmmm… Koulutuksen ajatellaan olevan keskeinen keino syrjäytymisen ehkäisemiseksi (Komonen 2005, 143), mutta välillä tuntuu, että koulutuksen kovat vaatimukset ja paineet aiheuttavat itsessään kelkasta tipahtamista ja "syrjäytymistä" (mitä sillä nyt milloinkin tarkoitetaan – syrjäytymistä mistä?). "Koululla kasvuyhteisönä on erityisen suuri merkitys niiden nuorten kohdalla, jotka ponnistavat opintielleen heikommista lähtökohdista. Koulu voi tällöin vauhdittaa putoamista tai tukea ja korjata puutteita oppilaan kehityksessä." (Komonen 2005, 143) Niinpä!

Pohdita: Tulee mieleen terapiavastaanotolta useampikin opiskeleva nuori, joka on kertonut, miten vaikeaa on suunnistaa sekavien ohjeiden ja itsenäistä työotetta vaativien opintojen maastossa. Ujot ja arat, itsestään epävarmat, vaille tukea jääneet ja omaa tietämistään epäilevät eivät uskalla ottaa yhteyttä opettajiin tai opinto-ohjaajiin ja vaatia tarkennuksia, selvennyksiä tai yksinkertaisesti pyytää apua ja tukea.

Pohdittavaksi Komosen (2005, 144) esittämä kysymys: "Mikä on koulutuksen tehtävä? Voiko koulussa kasvattaa yhteiskunnalliseen jäsenyyteen, jos koko instituutio on rakennettu opetuksen tarpeisiin?"

15.5.

Lukeminen on ollut hidasta ja jatkan tänään Antikaisen juhlakirjaa vasta sivulta 149. Ulkona paistaa loistava aurinko ja pihalla olevan luumupuun kukat ovat auenneet. Laitoin aamulla köynnöspavun siemenet likoamaan ja tänään aion ostaa salkopavun siemeniä. Mieli tekisi pihahommiin, mutta vakuutan itselleni, että pääsen sinne myöhemmin ja ryhdyn lukemaan. Ensimmäinen, ammattikorkeakoulutusta käsittelevä, artikkeli jatkaa hyvin edellistä keskustelua. Kirjoittaja pohtii sitä, miten ammattikorkeassa työelämälähtöisyyden ja korkeakoulumaisuuden yhdistäminen tuottaa haasteita ja yhteentörmäyksiä (Herranen 2005, 149-158). Yksi alaluvuista on nimetty kuvaavasti *"Opiskelijalähtöisyyden kääntöpuoli – heitteille jättö ja rajoitettu vapaus"* (Herranen 2005, 155). Ammattikorkeakoulussa koulumainen toiminta voi tuntua opiskelijasta rajoittavalta ja samalta itsenäinen opiskelu voi sysätä liikaa vastuuta opiskelijalle omata etenemisestään ja he voivat kokea jäävänsä oman onnensa varaan.

23.5.

Olisiko kevät- vai kesäflunssa, joka iski. Joka tapauksessa lukeminen, ajatteleminen ja kirjoittaminen on jäissä.

29.5.

Koulutus ei rajoitu vain oppivelvollisuuteen tai nuoruusikään. Koulutuspolitiikassa on puhuttu elinikäisestä oppimisesta, aikuiskoulutuksesta, vapaasta sivistystyöstä tai täydennyskoulutuksesta – erilaisista mahdollisuuksista kouluttautua elämän eri vaiheissa. Muun muassa Koulutuksen ja kulttuurin merkitystä etsimässä (2005) että Antikaisen, Rinteen ja Kosken (2013) toimittamassa Kasvatussosiologia teoksissa pohditaan elinikäisen oppimisen kysymyksiä. Mutta onko toisaalta jatkuvan koulutuksen mahdollisuudesta tullut jo normi tai peräti vaatimus?

Koulutuksen kentällä on yhä enemmän pyritty siihen, että ei olisi koulutuksellisia pullonkauloja, vaan erilaisista koulutuksista olisi mahdollisuus päästä jatkoon. Nyt matematiikan opiskelusta ja erityisesti pitkän matematiikan valitsematta jättämisestä voi pahimmillaan tulla este joustavasti – tai ainakin hidaste - jatko-opintoihin pääsyyn. Hesarin sunnuntai sivuilla (HS 26.5.2020) otsikolla *Liian pitkä matematiikka* tuodaan esiin, miten pikaisella uudistuksella on pitkästä matematiikasta tehty lukioiden ykkösaine ja että matematiikan ylioppilasarvosanasta saa eniten pisteitä haettaessa jatko-opintopaikkoja korkeakouluista. Mitä kaikkea tästä seuraa, jää nähtävästi, mutta arveluttavaa on se, että Elinkeinoelämän keskusliitto sekä Teknologiateollisuus ovat julkisuudessa toivoneet matematiikasta pääsylippua korkeakouluihin. Herää kysymys siitä, kuka, mikä tai ketkä ohjailevat koulutuspolitiikkaa ja kenen ehdoilla muutoksia toteutetaan?

5.6.
Kesä. Lämpöasteita lähemmäs 30 ja aurinko paistaa. Piha on vihreä, kasvaa ja kukoistaa: orvokit ja lemmikit ovat kukkeimmillaan. Riippumatossa luetussa, Antikaisen kirjan viimeisessä osiossa Harinen (281 – 285) tuo kasvatuksesta käytyyn keskusteluun kansalaiskasvatuksen ja kansalaiseksi oppimisen. Perinteisen, monissa maissa koulussa tapahtuvan kansalaiskasvatuksen oppiaineen, lisäksi Harinen sisällyttää "kansalaisuuteen kasvattamiseen ja kasvamiseen aikalaisdiskurssien mukaisia osallisuuden, osallistumisen ja kansalaisvaikuttamisen ajatuksia, joihin yhteiskuntapoliittisessa keskustelussa on opittu viittaamaan aktiivisen kansalaisuuden käsittein." (Harinen 2005, 281).

Näin ollen kansalaiskasvatus voidaan nähdä toiminnan näkökulmasta jäsenyyden opettamiseksi sekä jatkuvaksi sosialisaatioksi, jolloin osallisuus, jäsenyys ja vaikuttaminen nousevat keskeisiksi seikoiksi. (Harinen 2005, 283) Osallisuuden ja kuulumisen ja kasvatuksen välisen suhteen pohdinta liittyy kiinteästi kasvatuksen, lastenoikeuksien kuin myös ihmisoikeuksien julistukseen.

12.6.
Vihreää, vihreää, vihreää... keskikesän juhlan lähestyessä luonto on ylitsepursuavan vehreää. Päiväkävelyllä metsän laidassa kukkivat puna-ailikit, valkoiset koiranputket, keltaiset niittyleinikit, siniset kellokukat, vaaleanpunaiset vanamot.

Valitsen seuraavaksi luettavaksi *Suomen koulutuspolitiikan tulevaisuuden* (2016), joka on Katri Söderin ja Anette Karlssonin toimittama teos. Selailen kirjaa, ja huomaan että kyseessä ei ole tutkimuskirjallisuus, vaan Työväen Sivistysliiton TSL ja Sosiaalidemokraattiset Opiskelijat SONK:in vuonna 2015 perustaman ja vuoden kestävän Koulutuspolitiikan korkeakoulun ympärille nivoutuva pamfletinomainen teos. Kirjassa pohditaan vapautta ja koulutuspolitiikkaa, tasa-arvoa, koulutusjärjestelmää ja sivistystä niin yhteiskunnan kuin yksilön tasoilla. Tärkeitä kysymyksiä kaikki!

18.6.
Pihalla kasvavat tomaatit, pavut ja yrtit vaativat jatkuvaa kastelua. Mieletön helle. Riippumatto on ollut kovassa käytössä – ulkona vähän tuuli viilentää – sisällä varsinkin yläkerrassa on kuin saunassa. Lukeminenkin on kovin nihkeää...

Jatkan *Suomen koulutuspolitiikan tulevaisuus* (2016) kirjan selailua. Koulutusta tarkastellaan eri puheenvuoroissa toisen asteen koulutusjärjestelmän, korkea-asteen, koulutuksen periytyvyyden ja luokkayhteiskunnan kuin myös vapaan sivistystyön ja aikuiskoulutuksen viitekehyksissä. Lukemiseni on enemmän silmäilyä, enkä saa kirjan lyhyistä puheenvuoroista oikein tarttumapintaa oman kirjoitusprojektini suhteen. Vaikutusta voi olla myös helteellä ja väsymykselläni koulutusta käsittelevään kirjallisuuteen.

27.6.

Pitkästä aikaa sadepäivä. Luonnolle vesi onkin tosi tarpeen. Jokohan juhannuksenakin vallinnut metsäpalovaroitus on kumottu? Metsästä löytyi ensimmäiset kanttarellit. Todella aikaisin! Viime vuonna ensimmäiset kanttarellit löysimme 14.7 – nyt siis reilut pari viikkoa myöhemmin. Huomenna on viimeinen asiakastyöpäivä ennen kesätaukoa ja huomaan olevani tosi väsynyt. Asiakastyöt, yritys pitää kirjaprojektia yllä ja jatkuva työnhakeminen ovat vieneet voimat. Kumoan aiemmat aikeeni, että kesällä lukisin kasvatuksen historiasta kirjoitettua kirjasarjaa. En lue. Aion pitää siitäkin... siis tästäkin... lomaa. Puran vielä muistiinpanoja ja kirjoitan lukuihin huomioita, mutta en lue enää lisää. Päätän, että vasta elokuussa palaan kasvatus ja koulutus alan kirjallisuuden pariin.

15.8.

Keskikesän ihanien ja aurinkoisten päivien jälkeen meitä hemmotellaan vielä lämpimällä elokuulla. Koulut ovat alkaneet ja monessa perheessä arki rytmittyy lasten, nuorten tai aikuisten opintojen mukaan. Kesän aikana puheenaiheeksi on noussut opiskelijoiden oikeus lomaan. Suomen ylioppilaskuntien liitto julkaisi 1.7 kannanoton, jossa kysyttiin, miksei opiskelijoilla ole oikeutta lomaan (https://syl.fi/miksei-opiskelijoilla-ole-oikeutta-lepoon-ja-lomaan/). Helsingin Sanomien mielipideosastolla aihe herätti kommentointia puolesta ja vastaan. Varsinkin Annamari Sipilän satiirinen (?) ja vanhoja hyviä aikoja (?) muisteleva kolumni otsikolla *"Voi raukkaparkaa – hän on yliopisto-opiskelija"* (HS 7.7) räjäytti pankin. HS:n Mielipidepalstalla muistutettiin, ettei pätkätyöläisilläkään ole lomia (HS 9.7), muistutettiin että opiskelijat ovat aina olleet ahtaalla sekä pohdittiin sosiaalisen median osuutta uupumuksen (HS 14.7), toisaalta kannatettiin opiskelijoiden oikeutta kesäloma-ajan toimeentuloon (HS 10.7) sekä kysyttiin, mikä osuus suomalaisella koulutusjärjestelmällä ja täysillä opetussuunnitelmilla on opiskelijoiden väsymykseen (HS 17.7). Myös YTHS on omissa tutkimuksissaan kiinnittänyt huomiota opiskelijoiden jaksamiseen sekä henkiseen hyvinvointiin ja tähän viittasi myös opetusministeri Li Andersson opiskelija- ja oppilashuollon rahoituksen lisäämistä koskevassa yleisönosaston kirjoituksessaan (HS 11.7). Suomen psykologian opiskelijain liiton edustajat muistuttivat, että opiskelijan uupumus uhkaa tulevaa työkykyä ja että psyykkiseen hyvinvointiin panostaminen ehkäisee mielenterveysongelmien ilmenemistä ja että on panostettava entistä parempaan hoitoon (HS 14.7). Saman päivän mielipidesivuilla kansanedusta toi esiin sen, että opintotuen tulorajojen nosto auttaisi opiskelijoita.

Tätä vellovaa keskustelua kokoavaksi ja lohdutusta (?) antavaksi yhteenvedonomaiseksi artikkeliksi Hesari julkaisi sunnuntai sivuilla artikkelin otsikolla "*Meitä on peloteltu. Opiskelijoiden ahdistusta pahentavat turhat uhkakuvat. Ei työelämä ole huonontunut, se on kiihtynyt. Siinä on hyvätkin puolensa.*" (HS 14.7 B 10-11). Artikkeli jätti itselleni ikävän maun, ärtymyksen osittain opiskelijoiden ongelmien vähättelystä. Artikkelista puuttui koulutusjärjestelmän, opetussuunnitelmien ja koulutustavoitteiden sekä toisaalta opiskelijoiden erilaisten taustojen, kykyjen ja voimavarojen monitasoinen hahmottaminen ja näiden pohdinta yhdessä. Vaikka monet ongelmat ovat yhteiskunnallisia ja rakenteellisia, niin yksilöillä on erilaiset voimavarat ja kyvyt toimia silloin kun vaatimukset kasvavat ja kiihtyvät tai kun törmätään taloudellisiin vaikeuksiin, yhteisön puutteeseen, kiusaamiseen tai rasismiin. On opiskelijoiden aliarvioimista nähdä asia vain tiedostamisen ongelmana – kyse ei ole vain siitä, ovatko opiskelijat "fiksuja" vai "tyhmiä" (tällaistakin kahtiajakoa artikkeli tarjosi). Totta on, että erinomaisinkaan terapeuttikaan ei voi poistaa maailmasta rasismia tai taloudellista epäoikeudenmukaisuutta, mutta terapeutilla käynti voi auttaa opiskelijaa sietämään epätäydellistä maailmaa ja samalla toimimaan omien mahdollisuuksien puitteissa. Artikkelista välittyi myös kahtiajakoa, joko-tai asetelmallisuutta – itse näkisin, että hedelmällisintä olisi, että koulutustutkijat ja kasvatustieteilijät ja toisaalta psykologit ja mielenterveystyön osaajat yhdessä katsoisivat ongelmia monelta eri kantilta – monitahoista ilmiötä sekä rakenteiden että toimijoiden näkökulmasta tarkastellen, sekä-että lähtökohdista. Vai kuitataanko yhteiskunnalliset ja rakenteelliset ongelmat

44

artikkelin päättäneeseen yksilöä vastuuttavaan ja self-help -maiseen heittoon "Pelko pois ja lepoa!"?

22.8.

Tilanne: istun purkamassa muistiinpanoja tekstiksi. Työtä riittää, enkä aloita uutta lukemista.

Kesän aikana mielessäni oli tuo edellisellä viikolla kirjoittamani keskustelu koulutuksesta, mutta mieleeni jäi myös ennen kesälomalle jäämistä viimeisen asiakkaani toteamus. Asiakkaani, hyvin koulutettu nuori nainen oli aloittanut jokin aikaa sitten uudessa työpaikassaan ja totesi, miten ihmeelliseltä ja hyvältä tuntuu saada omasta työstään positiivista palautetta. Hän jatkoi, että varsinkin kun sitä ei ole tottunut yliopistolla saamaan. Hänen kommenttinsa tuntui minusta hyvin tutulta, mutta samalla kovin surulliselta. Olin surullinen kaikkien niiden yliopistossa opiskelevien ja työskentelevien puolesta, joilta odotetaan koko ajan (erinomaisia) suorituksia, mutta jotka jäävät ilman tukea, ohjausta, kannustusta tai kiitosta. Olin surullinen myös siitä, mitä yliopistoinstituutiolle on tapahtunut. En tiedä, kultaako aika omia muistojani, mutta väitän, että olen kokenut sen yliopiston, jossa yhteisöllisyys, toisen kannustaminen ja toisen saavutuksista ilahtuminen oli tärkeä osa opiskelu- ja työyhteisöä. Valitettavasti olen kokenut myös sen yliopiston, jossa nämä arvot ovat romuttuneet. Toivoisin, ettei se näkyisi näin selvästi yliopistossa opetusta ja ohjausta antavien suhtautumisessa opiskelijoihin.

29.8.
Tilanne: puran edelleen muistiinpanoja. Ja tylsistyn. Ulkona helle.

12.9.
Vettä sataa. Syksyn tuntua ilmassa, vaikka tiistaina lämpötila kohosikin lähes hellelukemiin. Nyt on harmaata.

Puran edelleen muistiinpanoja. Törmäsin ajatukseen " "Elinikäisen oppimisen mahdollisuus ja välttämättömyys ovat korostuneet jälkimodernin yhteiskunnan analyyseissa, joissa yhteiskunta nähdään epävarmana ja jatkuvasti muuttuvana, jolloin yksilön selviytymismahdollisuudet kiinnittyvät hänen kykyynsä oppia jatkuvasti uusia tietoja, taitoja ja suhtautumistapoja." (Antikainen, Rinne & Koski 2013, 44). Tästä tulee mieleen yhtymäkohta psykologian alueella viime aikoina useissa eri yhteyksissä käytettyyn resilienssin käsitteeseen. Resilienssille ei ole yksiselitteistä suomenkielistä vastinetta, mutta sitä voisi hahmotella kykynä joustavuuteen, ennakointiin, sinnikkyyteen - psyykkisenä palautumiskykynä. Jostain olen lukenut määritelmää, jossa resilienssiä verrataan kykyyn nousta tai kimmota ylös putoamisen jälkeen. Eli hieman kuin hyppy trampoliinille. Terapeutin työssäni olen nähnyt asiakkaita, joilla on enemmän tai vähemmän kykyä selvitä vastoinkäymisistä. Resilienssi on tärkeä ominaisuus, sen avulla pystymme jatkamaan elämää koettelemusten jälkeen tai niiden kanssa. Mutta voiko, tarvitseeko, pystyykö kaikkeen sopeutumaan? Missä tulevat inhimilliset rajat vastaan? Kuinka paljon ihminen voi olla joustava, muuntuva ja omaksua uusia suhtautumistapoja – oli sitten kyseessä epävarman ja muuttuvan yhteiskunnan vaatimukset tai yksilön kohtaamat vastoinkäymiset? Mitä jos ei vaan jaksa menetyksen jälkeen nousta ylös tai aloittaa taas uutta täydennyskurssia, jolla päivittää työelämätaidot?

19.9.
Aamulla lämpötila lähes nollassa ja ilmassa vahva syksyn tuntu, kun haen lehteä postilaatikolta.

Olen aloittanut uuden koulutusta käsittelevän kirjan lukemisen. Lukeminen tuntuu luksukselta muistiinpanojen purkamisen lomassa. *Toiveet ja todellisuus. Kasvatus osallisuutta ja oppimista* rakentamassa teoksen toimittajien johdantoartikkelissa otetaan kirjan nimenmukaisesti esiin osallisuuden ja kasvatuksen suhde. Viime aikoina osallisuuden käsite onkin nostettu esiin eri koulutusinstituutioita käsittelevissä pohdinnoissa (Rautiainen, Toom & Tähtinen 2017, 12). Osallisuuden lisäksi kuulumisen -käsite on myös liittynyt koulutuskeskusteluihin. Osallisuus ja kuuluminen johonkin ryhmään, viitekehykseen, organisaatioon, perheeseen tai sukuun on ihmisen perustarve ja liittyy turvallisuuden kokemiseen. On syytä olla huolissaan, jos kasvatus- ja koulutusorganisaatiossa osallisuuden kokemus alkaa rapeutumaan. Esimerkiksi korkea-asteella opiskelijoiden kokemus ryhmiin ja yhteisöihin kuulumisesta on hyvin ohutta jopa kolmasosalla opiskelijoista (Rautiainen, Toom & Tähtinen 2017, 16).

Terapeutin työssäni kohtaan jatkuvasti opiskelijoita, joiden on vaikea päästä mukaan, osallistua tai kokea kuuluvansa kouluyhteisöihinsä. Eräs opiskelija kertoi viime tapaamisessamme, että hän ei ole syyslukukauden aloituspäivän jälkeen käynyt koulussa koko syksynä. Tehtävät tehdään etänä, yksin tai parin kanssa, luennotkin kuunnellaan kotona netin kautta. Entiset ystävät olivat kotipaikkakunnalla tai lähteneet muualle opiskelemaan, ja hän koki vaikeaksi tutustua uusiin ihmisiin. Mietin, miten opiskelusta on tullut yksilön projekti. On hienoa, että opintoihin on lisätty erilaisia mahdollisuuksia ja joustoja ja monia tapoja suorittaa opinnot, mutta missä on opiskeluyhteisö? Mihin opiskelija kuuluu suorittaessaan yksin, itsenäisesti ja omaan tahtiin opintojaan? Miten viedä hienot osallisuuden ja kuulumisen tavoitteet ruohonjuuritasolle...

26.9.
Tilanne: Helvetillinen meteli kuuluu ulkoa. Peruuttava tiekone piipittää vähän väliä. Talomme edustalla olevan tien asfaltti-, viemäröinti- ja valaistustyö on jatkunut ihan liian kauan. Teen asiakastyötä kolmena päivänä ja olen poissa kotoa, mutta kahtena päivänä yritän tehdä kotona töitä – tällä hetkellä lähinnä tätä kirjaprojektia. Nyt on vaan todella haasteellista. Keskittyminen on vaikeaa, kun korvissa on jatkuva isojen työkoneiden pörinä ja piipitys ja välillä talo tärisee. Aamulla ärisin puolisolleni, vaikka syynä oli – paitsi meluhaitta – niin teinin saaminen ajoissa ylös sängystä ja työharjoitteluun. Mietin, miten joissain perheissä näyttää, että asiat sujuvat sileästi ja joustavasti, lapset heräävät aamuisin kouluun ilman ongelmia, menevät peruskoulun jälkeen lukioon ja sieltä sujahtavat sopiviin korkeakouluihin, valmistuvat erinomaisin arvosanoin ja etenevät hyviin ammatteihin. Itselläni tuo tie on ollut takkuinen ja lapsillanikin on ollut erilaisia valintojen tai motivaation vaikeuksia, katkoksia ja ihmettelyä. Toisaalta terapeutin työssäni näen myös niitä nuoria, jotka ovat suorittaneet kaiken erinomaisesti, olleet 10 oppilaita (usein tyttöjä), menneet

suoraan yliopistoon, osalle on kotoa annettu selkeät vaihtoehdot: kauppis, lääkis tai oikkis. Ja nyt he uupuvat kesken opintojen tai työelämää aloittaessaan. Hienolta näyttävä opiskelu- ja työputki onkin verottanut voimia ja vaatii nyt hintansa. Suurella osalla koulutus- ja urapolku asettuu tietysti jonnekin ääripäiden väliin sisältäen sekä vaikeuksia, haasteita, ponnistelua että avartuvaa maailmaa, onnistumisen ja etenemisen tuottamaa iloa ja merkityksellisyyden kokemuksia.

Jaa-a, miten elää hyvää elämää? Ja mitä se itse kullekin tarkoittaa? Miten tehdä koulutukseen ja työelämään liittyviä valintoja ja asettaa tavoitteita, niin että kuulee ulkoisten vaatimusten ja suorituspaineiden lisäksi myös omia haluja, toiveitaan, kykyjään ja arvojaan? Jätän tämän pohdinnan ja lähden herättämään teiniä – vielä kerran - sen jälkeen siirryn apurahahakemuksen ja lukemisen pariin.

3.10.

Tämän viikon otsikoissa on ollut tiistaina 1.10 Kuopion ammattiopistossa tapahtunut väkivallanteko, jossa yksi opiskelija kuoli ja useita haavoittui. Tekijä oli yksi opiston opiskelija. Keskustelu on liikkunut tapahtumien yksityiskohtaisesta kuvailusta tekijän motiivien arvuutteluun. Keskustelussa on jälleen kerran nostettu esiin se, miten tällaisia tragedioita, kouluampumisia tai nyt tapahtunutta "miekkaiskua" voitaisiin ennaltaehkäistä. Koulujen turvallisuuden ja tilaratkaisujen lisäksi esiin on nostettu (ammatillisen) koulutuksen tukipalvelut, nuorten mielenterveyshäiriöt ja koulukiusaaminen. Tämän päivän Hesarissa (HS 3.10) kotimaan sivuilla (A 8-9) on aukean juttu, joka on otsikoitu "Koulukaverit: epäiltyä koulukiusattiin". Kuvaavaa mielestäni on se, että koulukavereiden huomaava yksinäisyys, ulkopuolelle jättäminen ja koulukiusaaminen ei ole yläkoulun apulaisrehtorin tai lukion rehtorin mukaan näkynyt opettajien keskuudessa. Tekijä oli heidän mielestään "ihan tavallinen" nuori tai opiskelija, joka käy koulua. En voi olla ajattelematta kaikkia niitä "ihan tavalliselta nuorelta" näyttäviä, avuntarpeessa olevia, ystävien tarpeessa olevia, kiusattuja nuoria, joiden ongelmia opettajat tai koulusysteemi ei näe. Kaikista keskusteluista, hyvistä tavoitteista ja Kiva Koulu -menetelmistä huolimatta suomalaisessa koulutusmaailmassa on todella iso ongelma – koulukiusaaminen – jonka vaikutukset ovat hyvin moninaisia ja surullisia.

Lisäys: Otsikon *"Nuorten pahoinvoinnista heräsi jo 12 vuotta sitten kansallinen huoli"* alla analysoitiin Hesarissa (5.10) kouluyhteisöissä tapahtuneita väkivallantekoja. Artikkelissa todetaan, että vaikka koulusurmien jälkeen on muutettu lakeja ja kirjoitettu erinäisiä oppaita, niin moni nuori ei vieläkään saa apua hätäänsä. Tämä ei ole jäänyt itseltänikään terapeutin työssäni huomaamatta - lasten, nuorten, perheiden ja opiskelijoiden ennaltaehkäiseviin palveluihin – sekä sosiaali- että mielenterveyspuolen – tulisi pystyä satsaamaan nykyistä paljon enemmän – ja konkreettisesti. Se, että opiskelija pääsee puolen vuoden jonottamisen jälkeen tapaamaan kerran koulupsykologia tai nuori, joka rohkaistuu hakemaan apua terveyskeskuksesta, saa reseptin, mutta muuta apua ei löydy, ei kerta kaikkiaan riitä! Jutun loppukappaleessa kiteytyy paljon: *"Onko iso osa kouluterveyskyselystä nousevasta masennuksesta ja ahdistuksesta kuitenkin tyypillistä nuoruuden mielialavaihtelua ja maailmantuskaa? Sillä ei oikeastaan ole väliä.*

Suomen kaltaisessa hyvinvointivaltiossa jokaisella nuorella pitäisi olla oikeus olettaa, että joku aikuinen kuuntelee ja auttaa. Jos ei rakkaudesta niin ainakin viran puolesta.

Ja mieluummin turhan aikaisin kuin liian myöhään."

10.10.

Sunnuntain Hesarissa oli yhden sivun juttu fiktiivisestä sivistyspääministeristä. Lukijoilta oli kysytty, kuka olisi sopiva sivistyspääministerin tehtävään. Näyttelijä ja teatterikorkeakoulun professori Elina Knihtilä oli yksi useita mainintoja saaneista. Haastattelussa Knihtilä painotti sitä, että sivistys on äärimmäisen tärkeää ja että Suomen vahvuus on ollut se, miten maassamme on vaalittu sivistystä ja sen tasaista jakautumista. Myös äänestyksessä eniten ääniä saanut taloustieteilijä Sixten Korkman näkee sivistyksen ja kulttuurin suuren merkityksen ja sanoi olevansa samaa mieltä J. V. Snellmanin kanssa, joka aikoinaan korosti sivistystä pienen kansakunnan tärkeimpänä turvana. (HS 6.10. B9.)

Toiveet ja todellisuus -teoksen kasvatuksen tietoperustaa käsittelevässä artikkelissa Heikkinen ja Huttunen esittävät kysymyksen: "Miksi ja miten *technē* on vallannut opetuksen syrjäyttäen kasvatuksen ja sivistyksen?" (Heikkinen & Huttunen 2017, 38). Tällä termillä viitataan Aristoteleen tiedon muotoihin, jotka ovat tekninen tieto *technē* ja sivistyksellinen tietäminen *phronēsis*. Molempia tiedon muotoja tarvitaan ja erilaisten tietämisen muotojen hallinta tukee mahdollisuuksia hyvään elämään. Heikkisen ja Huttusen mukaan haasteena on nykyään *technēn* ylikorostuminen ja se, että kasvatus yksiulotteistuu taloudelliseksi toiminnaksi, jossa kasvatus muuttuu investoinniksi. Uusliberalistisessa koulutusajattelussa vapaa kilpailu koulutusmarkkinoilla nähdään parhaana tapana tehostaa koulutusta. Seurauksena on se, että "Koulutuksen yksiulotteistuminen näkyy yleissivistyksen puutteena, historian tajun menettämisenä ja kykenemättömyytenä punnita laajemmasta näkökulmasta, mitkä teot ovat oikeita ja mitkä vääriä. Kasvatuksen kaventuessa uusliberalistisen ideologian välineeksi se alkaa menettää mahdollisuuksiaan edistää hyvää elämää laajassa merkityksessä. Kasvatus menettää mahdollisuutensa tukea ihmisten laajaa sivistyneisyyttä. Näkökulmien kapeneminen saattaa ilmetä välillisesti esimerkiksi nationalismina, populismina, rasismina ja vihapuheena." (Heikkinen & Huttunen 2017, 50.)

Koulutusta ei tule tarkastella vain tekniikan ja tuotannon ehdoilla, vaan myös hyvän elämän ehdoilla, jossa ihminen on arvo sinänsä ei vain tuotannon resurssi tai investointikohde (Heikkinen & Huttunen 2017, 44 – 45). Kasvatus, jossa kasvatettaviin suhtaudutaan kokonaisvaltaisina ja arvokkaina ihmisolentoina ja toimijoina, vahvistetaan heidän kriittistä ja analyyttista ajattelukykyä voidaan kutsua myös sivistykselliseksi kasvatukseksi (Heikkinen & Huttunen 2017, 51-52) "Sivistys on kykyä ajatella laajasti ja toimia järkevästi. Se on käytännöllistä viisautta, joka rakentuu historian tajun pohjalta. Sivistys on erilaisten kulttuurien, ajattelutapoja ja elämisen muotojen syvällistä ymmärtämistä." (Heikkinen ja Huttunen 2017, 52). Kyllä varmaan Suomessa tarvittaisiin sivistyspääministeriä, joka varmistaisi, että humanismi ja sivistys säilyvät koulutuksen arvona ja tavoitteena jatkossakin.

17.10.

Ruska on kauneimmillaan. Kävellessäni eilen Kaisaniemen puiston läpi viipyilin keltaisia, oransseja ja punaisia lehtiä kantavia suuria puita ihaillen. Kirkkaan sininen taivas sai värit loistamaan. Kävelen tämän puiston läpi monta kertaa viikossa enkä kyllästy katselemaan näitä jyhkeitä puita ja nurmikenttiä.

Mielessäni on vielä viime viikon sivistyskeskustelu. Sivistys -termiä on jossain vaiheessa väheksytty. Ainakin itselläni on kokemus, että joissakin yliopistopiireissä sivistyksestä puhumista on pidetty vanhakantaisena ja ummehtuneena. Tällä hetkellä tuntuu, että sivistyksestä keskusteleminen on monessa merkityksessä todella tärkeää, niin historian tajuna, erilaisten ajattelutapojen ymmärtämisenä kuin ihmisarvon säilyttäjänä.

23.10.

Tämän päivän Helsingin Sanomissa uutisoitiin, että Suomesta on kadonnut vuoden 1990 jälkeen 2 500 peruskoulua. Koulujen yhdistäminen tarkoittaa oppilaille pidempiä koulumatkoja sekä isompia luokka- ja koulukokoja. Kouluja on lakkautettu muuttoliikkeen, mutta myös hallinnollisten ja taloudellisten syiden takia. Opetustoimen ylitarkastajan Kari Lehdon mukaan 1990-luvun lama käynnisti Suomessa koulujen lakkautusbuumin ja aloitti Suomen sivistyshistorian suurimman mullistuksen. Lehto kytkee koulujen lakkauttamisen myös lasten ja nuorten mielenterveysongelmiin. Tilastokeskuksen mukaan peruskoulutuksen reaalimenot ovat kasvaneet vuosin 1995 ja 2017 välillä runsaalla yhdeksällä prosentilla, joten säästötavoitteet ainakaan eivät ole toteutuneet. (HS 23.10.2019.) Se, mitä koulujen lakkauttaminen tarkoittaa sivistyshistorian tai lasten mielenterveysongelmien näkökulmasta on monimutkaisempi asia.

Mieleen tulee 10.10 kirjoittamani teksti ja siteeraukset Elina Knihtilän ajatuksista sivistyksestä "Olemme pieni maa, jossa on vähän ihmisiä. Meidän pitää pystyä tarjoamaan kaikille samat mahdollisuudet päästä sivistyksen pariin." (HS 6.10 B 9). Aikaisemmin kansakoulu ja myöhemmin peruskoulu on ollut monilla pienillä paikkakunnilla se instituutio, joka on vaikuttanut ja pitänyt koulutuksen ja sivistyksen puolia. Nähtäväksi jää, miten pientenkoulujen karsiminen ja isojen, avoimia tiloja suosivien, koulujen kasvaminen vaikuttaa tulevaisuudesta nuorten jaksamiseen, mielenterveyteen, aivojen kuormittumiseen ja keskittymiskykyyn. Joka tapauksessa koulujen lakkauttaminen vaikuttaa koulua käyvien lasten lisäksi koko perheeseen sekä alueeseen. Monet perheet valitsevat asuinpaikan sen mukaan, onko lähellä tarjolla koulua. Tämän päivän Hesarin pääkirjoitus nosti esiin sen, että pahimmillaan kunta itse näivettää asuinaluettaan karsimalla palveluja – koulun lakkauttamisella on laajoja vaikutuksia, paitsi yksilöiden ja yksilöiden oikeuksien tasolla, niin myös aluepolitiikan ja palveluiden tasolla (HS 24.10.2019).

30.10.

Lokakuu on lopuillaan. Maassa on ohuelti paripäivää sitten satanutta lunta ja aurinko paistaa. Olen aloittanut lukemaan Juha Suorannan *Radikaali kasvatus* kirjaa. Ajattelin suoda itselleni tänään koko päivän lukemiselle. Kirja on tuttu, mutta en ole koskaan lukenut sitä kannesta kanteen. Nyt on sen aika.

7.11.

Päivän Hesari kertoo, että lukion uuden opetussuunnitelman tavoitteena on hyvä, tasapainoinen ja sivistynyt ihminen. Kohti tätä tavoitetta mennään kuuden eri laaja-alaisen osaamisen osa-alueen avulla: hyvinvointiosaaminen, vuorovaikutusosaaminen, monitieteinen ja luova osaaminen, yhteiskunnallinen osaaminen, globaali- ja kulttuurinenosaaminen sekä eettisyys ja ympäristö osaaminen. (HS 7.11). Paljon kannatettavia ja yleviä asioita. Ja isoja asioita! Niin isoja, että voisivat olla koko elämän projekteja. Mutta että noin kolmen vuoden aikana? Kun lisäksi pitäisi oppia matematiikkaa, äidinkieltä, englantia, historiaa... jotta pärjää ylioppilaskokeissa – varsinkin kun yliopistojen sisäänpääsyjen painopiste on siirtynyt kohti lukioarvosanoja.

Jatkan *Radikaalia kasvatuksen* (Suoranta 2005) lukemista ja törmään erilaisiin tiedonintresseihin. Kriittisen teorian kehittäjä Jürgen Habermas on erotellut teknisen, hermeneuttisen ja emansipatorisen tiedonintressin. Radikaalia kasvatusta voidaan tarkastella näiden eri tiedonintressein kautta, jolloin sen voidaan ajatella olevan emansipatorisen kasvatusintressin mukaista toimintaa. Tällöin kasvatuksella pyritään dialogin, yhteisen keskustelun ja kriittisen tutkimuksen avulla ymmärtämään taloudellisia, sosiaalisia ja yhteiskunnallisia suhteita. Keskiössä on ihmisten välinen vuorovaikutus ja ihmisten valtauttaminen, jonka avulla voidaan tarkastella teknisen ja käytännöllisen tiedon normatiivisuutta. (Suoranta 2005, 58.) Radikaalin kasvatuksen ydin on se, ettei kasvatusta tarvita vain yhteiskunnassa selviämiseen, vaan todellisen ihmisyyden edistämiseen (Suoranta 2005, 223). Tästä löytyy linkki lukion uuteen opetussuunnitelmaan, jonka tavoitteena on hyvä, tasapainoinen ja sivistynyt ihminen – näitä ominaisuuksia voidaan varmaan pitää tärkeinä ihmisyyden edistämisessä. Mutta mitä ja minkälaisia ovat ne oppisisällöt ja opetusmenetelmät, joilla näihin hyviin tavoitteisiin pyritään?

13.11.
Tämän pimeämpää ei voi olla. Pilvet tippuvat raskaina alas, maa on musta ja sataa, sataa, koko päivän.

Koulun tilat ja arkkitehtuuri nousivat keskusteluun, kun Hesari julkaisi 11.11 jutun otsikolla "*Erityislapsia aiotaan opettaa puhelinkopeissa Helsingin Jätkäsaaressa – 'Voi vetäytyä rauhalliseen tilaan'*". Virkamiehet esittävät, että Jätkäsaaren kouluun hankitaan puhelinkoppeja opetusrauhan saavuttamiseksi, koska koulussa on avoimien tilojen lisäksi tarvetta myös pienemmille ja yksityisimmille tiloille. Jutun otsikko -naurattaisi, jollei melkein myös itkettäisi. Tämä avoimien tilojen trendi herättää paljon kysymyksiä. Tein 1990-luvulla vuoden etnografiasta tutkimusta kahdessa helsinkiläisessä yläasteen koulussa. Vaikka koulut olivat perinteisiä käytävineen ja erillisine luokkahuoneineen, niin äänikuormitus oli melkoinen. Olin koulupäivien jälkeen niin kuormittunut äänistä, että en pystynyt kuuntelemaan tv:tä, radioita tai edes musiikkia. Iso määrä ihmisiä on iso määrä – oli tila jäsennelty miten vain. Mahdollisten melu- ja keskittymisongelmien lisäksi mietin sitä, miten vaihtuvat ryhmäkoot tai opettajat vaikuttavat siihen, mihin oppilas tai opiskelija kokee kuuluvansa. Mistä tilasta tai ryhmästä tulee "oma" – se, jossa luodaan merkittäviä suhteita ja joka parhaassa tapauksessa luo turvallisuuden ja kuulumisen kokemuksia.

Tähän sopisi lainaus kriittisen pedagogian ja teorian kehittäjältä ja tutkijalta Girouxilta, joka painotti kasvatuksen olevan aina poliittisesti sidoksista, ja ideologista toimintaa (Suoranta 2005, 91). "Työpaikat, päiväkodit, kirkot, nuorisotilat, sairaalat, elokuvastudiot ja televisio-ohjelmat eivät ole kulttuurisesti tyhjiä tiloja, jotka voidaan määritellä ainoastaan taloudellisin tai sosiologisin abstraktioin, vaan pedagogisia tiloja, joissa kulttuurityöntekijät osallistuvat tiedon tuottamisen, välittämisen ja jakelun sosiaalisiin käytäntöihin. (Giroux 1996, 153 Suorannan 2005, 101 mukaa). Giroux (Suoranta 2005, 100) painottaa, että koulut ovat demokratialle olennaisia julkisia tiloja, mutta että samaan aikaan niiden luonne julkisina tiloina on ongelmallinen. Niinpä!

20.11.
Marraskuun pimeys ja päivien hämäryys jatkuu. Väliini on mahtunut joskus aurinkoisiakin päiviä, mutta tänään pilvet taas riippuvat alhaalla.

Poimin kirjapinostani vielä yhden kirjan ja se on *Kasvatussosiologia* vuodelta 1979. Kyseessä on neljäs uudistettu painos. Tämä Kalevi Kivistön ja Tapio Vahervan kirjoittama klassikkoteos sopiikin hyvin tähän kirjaprojektin loppuun. Ensimmäinen kirja, jolla aloitin, oli sekin klassikko, Hirsjärven Kasvatustieteenkäsitteistö vuodelta 1983. Minulla on ollut tämän vuoden yksi iso kirjapino, jonka kirjoja olen jatkuvasti käynyt kirjastossa uusimassa. Lisää kirjoja en ole hamstrannut, vaan tässäkin kirjamäärässä on ollut tekemistä. Vuoden aikaa minulla on ollut yksi, joskus kaksi ja joskus ei yhtään päivää viikossa aikaa kirjaprojektille. Joskus päivä on valunut kotihommiin, yleensä hitaaseen kirjan lukemiseen. Mutta hitaallakin lukemisella olen nyt saanut pinoni päätökseen. Olin toki kuvitellut, että matkan varrella laajennan lukemistoani, mutta näin nyt kävi. Jossain vaiheessa kuvittelin myös, että etenisin kirjojen kanssa jotenkin kronologisesti, mutta mitä vielä! Lopussa päädyn 70-luvulle!

28.11.

Aina vaan pimeämpää, sataa, sataa. Kovin ilahduttavaa tietoakaan ei juuri julkaistun lukiolaisbarometrin tulokset tarjoa. Barometrin mukaan 40 prosenttia lukiolaisista ilmoitti kokevansa opinnot henkisesti raskaiksi ja 20 prosenttia oli sitä mieltä, että tarvitsisi enemmän tukea opintoihinsa. (HS 28.11.2019)

Kasvatussosiologian teoksessa Kivistö ja Vaherva (1979) esittävät Olkinuoraan viitaten (Olkinuora 1978, Kivistö ja Vaherva 1979, 30 mukaan) heti kirjan alussa selkeästi yhteiskunnassa tapahtuvan sosialisaatioprosessin, jossa kasvatus ja koulutus ovat keskeisinä tekijöinä. He näkevät sosialisaation kattokäsitteenä, joka alla kasvatus on tarkoitusperäisenä sosialisaationa. Kasvatus puolestaan jakaantuu erikoistumattoman kasvatukseen ja toisaalta institutionaalisesti viralliseksi sosialisaatioksi, koulutukseksi. Eli sosialisaatio -> kasvatus -> koulutus. Tämä on selkeää, tästä on helppo jatkaa ja muistiinpanoja syntyy!

5.12.

Kivisen ja Vahervan Kasvatussosiologia (1979) on paljastunut varsinaiseksi tiiliskiveksi. Asiaa on paljon ja tiiviisti. Tämä ensimmäinen suomalainen kasvatussosiologian yleisoppikirja on kulunut monien kasvatustieteilijöiden lukemistoon, enkä ihmettele, että siitä on otettu monta uudistettua painosta. Ja asia on vieläkin ajankohtaista. Lainaukseen kirjan viimeisestä kappaleesta on hyvä lopettaa: "Tämänhetkisiä taloudellisten instituutioiden tuottamia ongelmia ovat yhä suurempien tuotantoyksikköjen syntyminen ja yhä koveneva kilpailu. Ihmisen arvo tuotanto elämässä määräytyy hänen tietojensa, taitojensa ja oppimiskykynsä perusteella. Taloudellisessa kilpailussa tulee 'aivopääoma' tärkeäksi ja 'lahjakkuusreservien' esiin vetäminen varhaisen koulutuksen avulla muodostuu 'investoinniksi kykypääomaan'. Tämä kaikki saattaa tuottaa esikouluikäisten treenausohjelmia, joissa päämäärät – ilman että sitä havaitaan – ovat tämänhetkisen tuotantoelämän tarpeiden sanelemia. Yksilöiden kykyjä ja asenteita kehitetään, että he soveltuvat erittäin pitkälle fragmentoitujen tehtävien suorittajiksi, mutta nimenomaan eivät tajuamaan laajasti ja monipuolisesti ympäristön, yhteiskunnan ja koko maapallon ongelmia (Takala 1972)." (Kivistö & Vaherva 1976, 405-406). Jo 1970-luvulla näkynyt suuntaus on vain vahvistunut, nykyään aivopääomaa ja lahjakkuusreservejä ei enää laitettaisi sitaatteihin...

Tilanne: Vuoden pimein aika tuntuu mielessä ja kropassa. Rikkinäiset katuvalot ja rakennustyömaat tekevät pimeässä kulkemisen haastavaksi, kun illalla poljen tihkusateessa ja tuulessa vuoden viimeiselle joogatunnille. Sinnikkyyttä tarvitaan. Kiitän itseäni, että jaksoin, lähdin ja pidin kiinni itselleni tärkeästä asiasta, vaikka ympärillä synkkyys tiivistyy ja tekisi mieli jäädä sohvalle makaamaan.

12.12.
Vuoden päiväkirjan kirjoitusprojekti alkaa olla päätöksessä. Tunnustan, että syksyllä lukeminen ja kirjoittaminen on ollut vaikeaa – välillä jopa mahdotonta. Keskittyminen ja motivaatio on ollut kateissa monet kerrat, välillä ajan ottaminen kirjoittamisella on ollut vaikeaa. Alkuvuoden ja kirjaprojektin aloituksen huuma on vaihtunut ajat sitten puurtamiseksi. Haaveena on, että ensi vuoden puolella voisin vetäytyä pari kertaa viikoksi jonnekin retriittiin kaikkien muistiinpanojen ja kirjojen kanssa. Toivon, että saisin sellaisen järjestettyä, jotta voisin rauhassa uppoutua kaikkeen siihen sekamelskaan, jota muistiinpanoiksi kutsutaan. Päiväkirjan fragmentit ja huomiot sekä luettelomaiset muistiinpanot vaatisivat purkamista ja yhteenvetoa ja jonkinlaisia vastauksia kaikkiin – tai ainakin joihinkin - kysymyksiin, joita matkan varrella olen esittänyt. Ensi viikolla, joulua edeltävällä viikolla, aion kirjoittaa viimeisen tämän vuoden päiväkirjamerkinnän ja sitten on loman aika – niin terapiatöistä kuin tästä kirjaprojektista.

19.12.
Herään pimeään aamuun. Eilinen myräkkä on tasaantunut kohtalaiseksi tuuleksi, märkä asfaltti kiiltelee mustuuttaan ja siellä täällä on isoja vesilammikoita. Sisälläniкin kävi eilen aikamoinen myräkkä. Eilisaamun tapaamisen seurauksena aloitan ensi vuonna uudessa työpaikassa. Kaikki uudet mahdollisuudet ja haasteet risteilevät mielessä ja valavat uskoa siihen, että ensi vuodesta tulee hyvä ja mielenkiintoinen. Usko ja toivo ovat terapiassakin

merkityksellisiä käsityksiä. Tarvitaan uskoa siihen, että vaikeuksista selviää ja että on toivoa paremmasta ja että yhteys muihin ihmisiin säilyy ja ehkä jopa syvenee. Usko ja toivo liittyvät vahvasti myös kasvatukseen ja koulutukseen. Lapsia kasvatettaessa uskomme ja toivomme, että he oppivat tarvittavia kykyjä ja taitoja ja että heillä on hyvä tulevaisuudessa edessä. Myös koulutuksen uskotaan johtavan parempaan elämään

Koulutuksesta ja kasvatuksesta puhuttaessa ei yleensä puhuta rakkaudesta. Tai ehkä vielä vanhempien ja lasten välisestä suhteesta ja (koti)kasvatuksesta puhuttaessa mainitaan rakkaus, mutta ei enää koulutusjärjestelmästä puhuttaessa. Hannah Arendtin mukaan kasvatus ja koulutus kuitenkin merkitsevät kasvavalle ihmiselle sitä pistettä, jossa hän päättää, rakastaako hän maailmaa niin paljon, että ottaa siitä vastuun. (Arendt 1987, 196 Antikainen 1993, 75 mukaan). Radikaalin kasvatuksen tärkeimmälle kehittäjälle, brasilialaiselle Paulo Freirelle, kasvatus on nimenomaan rakkauden ja toivon teko (Suoranta 2005, 37-38). Freire kehitti dialogisen kasvatuksen periaatteen, jossa dialogi tarkoittaa rakkaudellista suhdetta maailmaan ja ihmisiin. Opettajan ja oppijan tasavertaiseen suhteeseen perustavan dialogin yksi keskeinen perusta on usko ihmiskunnan tahtoon tavoitella entistä parempaa maailmaa. (Suoranta 2005, 46-47.) Kasvatus ja koulutus kyllä asettavat katseensa tulevaisuuteen ja tavoittelevat hyvää, mutta se, mitä hyvä tulevaisuus tai parempi maailma tarkoittaa, näyttää vaihtelevan yksilöstä, koulutusjärjestelmästä tai yhteiskunnasta toiseen.

Martha Nussbaumin (2011, 166) tulevaisuuden skenaarion mukaan "Vaurauden tavoittelun eksyttäminä yhä useammat ihmiset vaativat kouluja tuottamaan hyödyllisiä aineellisen rikkauden kasvattajia eikä ajattelevia kansalaisia." Jos koulutuksen tavoitteena on maailmanmarkkinoilla menestyminen, niin vaarana on, että teknologia ja luonnontieteet nähdään arvokkaimpina kuin humanistiset tieteet ja taiteet, joista ei koidu aineellista hyötyä. Humanististen aineiden ja taiteiden avulla opitaan kuitenkin näkemään muut ihmiset arvokkaina, kunnioitusta ja myötätuntoa ansaitsevina. (Nussbaum 2011, 166-167.)

Viimekädessä kysymys on siitä, millaisessa maailmassa me haluamme elää ja millainen maailma on hyvä paikka elää.

JOHDANTO

Keskustelu kasvatuksesta ja koulutuksesta kietoutuu vahvasti sekä yhteiskunnan että yksilön näkökulmiin. Tarkasteluissa on pohdittu sitä, mitä hyvää kasvatus ja koulutus tuottavat yhteiskunnalle – ja toisaalta yksilölle. Yhteiskuntatieteellisesti orientoituneena kasvatusalan tutkijana kiinnostukseni painopiste on ollut yhteiskunnallisissa kysymyksissä, rakenteissa, oikeudenmukaisuudessa ja tasa-arvossa. Toisaalta kasvatus ja koulutus toimenpiteet kohdistuvat aina yksilöön ja tulevat yksilöllisesti koetuiksi.

Kasvatusta ja koulutusta on pidetty pohjoismaisen demokratian ja hyvinvointiyhteiskunnan kulmakivenä. Koulutus on vahvasti osa yhteiskuntaa ja samalla yhteiskunnan ja siinä vallitsevien suhteiden heijastaja ja uusintaja. Koulutuksen voimaan on uskottu yhteiskunnallisten ongelmien ratkaisijana, taloudellisen kilpailukyvyn kohottajana sekä mahdollisuuksien avaajana niin yksilöille kuin ryhmille (Antikainen, Rinne & Koski 2013, 69, 127).

Yksilön näkökulmasta koulutuksella ja kasvatuksella on keskeinen merkitys siinä, millainen "minä" ja "ulkomaailma" ihmisen tietoisuuteen hahmottuu, millaisia arvoja ihminen omaksuu ja miten arvot kanavoituvat toimintaa ohjaaviksi tavoitteiksi (Rauste-von Wright 1983, 115-116 Antikainen 1988, 85 mukaan). Kasvatus ja koulutus liittyvät vahvasti myös oman identiteetin pohdintaa. Koulutukselta etsitään myös – tietoisesti tai tiedostamatta - vastauksia kysymyksiin siitä, kuka minä olen, mitä minä osaan ja mihin minä pystyn.

Kasvatuksen tavoitteiden ja ideaalien konkreettisina toteuttajina ovat ihmisyksilöt. Voidaankin sanoa, että kasvatuksessa kohtaavat yksilön elämänkulku ja yhteiskunnan uusintamisen ehdot. (Antikainen 1993, 75.) Koulutuksen tehtävä on ollut rakentaa yhteiskuntaa, mutta myös sivistää yksilöä. Se, onko kasvatus tai koulutus ollut yksilölle ihanne, utopia, välttämättömyys, mahdollisuus vai vaatimus on vaihdellut historian eri aikoina ja eri yhteiskunnissa.

Valistus ja sivistys

Koulutus on hakenut voimansa ja oikeutuksensa ensin hengelliseltä ja myöhemmin maalliselta vallalta. Niin historiallinen aika kuin myös yhteiskunnallinen ideologia on vaikuttanut koulutuksen ja siihen, mikä nähdään tärkeänä. Kirkon tai valtion vaikutuksen piirissä koulutus on toiminut erilaisten erottautuvien symbolien, kielen, rituaalien, käytöstottumusten ja elämäntapojen keskeisenä muokkaajana. (Antikainen, Rinne & Koski 2013, 49.).

Modernin yhteiskunnan tieto- ja koulutusekspansion filosofiseksi perustaksi voidaan asettaa Immanuel Kantin esittämä ajatus tiedon lisääntymisen ja valistuksen merkityksestä yhteiskunnallisen edistyksen sekä kehityksen aikaansaajana (Antikainen, Rinne & Koski 2013, 193). Kantille valistus oli rohkeutta oman järjen johdatukseen. Järkiperäisyyden tavoittelu sisälsi myös tunne-elämän ja moraalin jalostumisen. (Heikkinen 2011, 37.)

Sivistys-sanastoa ryhdyttiin ottamaan käyttöön kasvatuksen yhteydessä 1800-luvulla. Sivistyksellä tarkoitettiin yhteisön tai ihmisryhmän elämäntavan tai keskinäisen suhteiden, kulttuurin, jalostumista ja edistymistä. (Heikkinen 2011, 37.) Moraalisen ja siveellisen kasvatuksen taustalla oli 1700-luvun valistusihanteet. 1700 - 1800-luvuilla vaikuttaneen ja Berliiniin Humbolt-yliopiston perustaneen saksalaisen filosofin ja valtiomiehen Wllhelm von Humboldtin (1767-1855) mukaan sivistyspyrkimys oli ihmisyyden mitta ja ihmisten tuli vaalia sivistysperintöä riippumatta omista yksilöllisistä tarpeista tai haluista (Ahonen 2011, 240).

Myös Suomessa J.V. Snellmanin (1806-1881) kansallisessa sivistysohjelmassa sivistyksen, tiedon ja yhteiskunnallisen edistyksen välinen yhteys esitettiin itsestäänselvyytenä (Antikainen, Rinne & Koski 2013, 194). Kasvatus- ja koulutusajattelu on liittynyt paitsi ihmiskunnan kehitykseen, sivistyksen vaalimiseen, niin myös kansakuntien syntyyn, nationalismiin sekä itsenäistymiseen. Kasvatus ja koulutus on ollut väylä, jolla oman kulttuurin tapoja, arvostuksia, kieltä tai oikeutusta on vaalittu ja siirretty sukupolvilta toisille.

Sosialisaatio näkökulmana kasvatukseen ja koulutukseen

Kasvatusta ja koulutusta voidaan tarkastella sosialisaationa. Olkinuoran (1978, Kivistö ja Vaherva 1979, 30 mukaan) mukaan tarkoituksenmukainen sosialisaatio on kasvatusta. Kasvatus puolestaan voidaan hänen mukaansa jakaa institutionaalisesti eriytymättömään ja epäviralliseen sosialisaatioon kuten perhe. Toisaalta kasvatus voi olla institutionaalisesti erikoistunutta ja virallista sosialisaatiota, kuten koulu. Perheellä ja koululla on kuitenkin myös muita funktioita kuin sosialisaatio. Sen sijaan koulutus voidaan nähdä nimenomaan sosiaalistamistehtävien suorittamista varten luotuna instituutiona, jolloin "koulutus voidaan määritellä institutioituneeksi sosialisaatioksi aikuisten rooleihin" sekä organisoituneena toimintana (Kivistö ja Vaherva 1979, 30-31). Jos kasvatus -sanasto on historiassa linkittynyt vahvasti sivistykseen ja sivistämiseen, niin mielenkiintoisesti koulutus -termi on tarkoittanut vielä 1900-luvun puolellakin kuriin panemista ja koettelemista (Heikkinen 2011, 37).

Tieto ja opetussuunnitelma kytkeytyvät kasvatukseen ja koulutukseen

Koulutuksen ja kasvatuksen tehtäviin kuuluu välittää se tieto, jota pidetään kulttuurisesti tärkeänä ja joka on historiallisesti kerääntynyt, sekä opettaa niitä tapoja, joilla uutta tietoa luodaan (Antikainen, Rinne & Koski 2013, 182). Opetuksen järjestäminen liittyy vahvasti yhteiskunnan arvostuksiin. Lisäksi opetus linkittyy ikäkausiin, oppiainejakoihin ja oppisisältöihin sekä erilaisiin säädöksiin ja kontrolliin. Eli siihen, mitä, missä, milloin ja miten opetetaan.

Koulutuksesta puhuttaessa tärkeää on nostaa esiin myös tieto ja opetussuunnitelma ja kysyä, kuka määrittää ja kontrolloi sitä tietoa, jota koulutusinstituutioissa annetaan. Opetussuunnitelmissa on perinteisesti määritelty koulutuksen tavoitteet ja opetussisällöt. Opetussuunnitelma heijasteleekin yhteiskunnassa vallitsevia ajatusmalleja ja arvostuksia. Tässä teoksessa ei varsinaisesti nosteta näitä kysymyksiä opetussuunnitelman ja sen sisältämään tietoon sisältyviä kysymyksiä esiin, vaikka niitä sivutaankin. Tiedon ja koulutuksen välistä suhdetta on tarkasteltu runsaasti erilaisten opetussuunnitelmateorioiden valossa, pohtimalla tiedon legitimaatiota sekä problematisoimalla tietoa ja tietäjää.

Peruskoulun opetussuunnitelman perusteiden (2004, 5, Antikainen, Rinne & Koski 2013, 31 mukaan) mukaisesti: "Opetuksen perustana on suomalainen kulttuuri, joka kehittynyt vuorovaikutuksessa alkuperäisen, pohjoismaisen ja eurooppalaisen kulttuurin kanssa. [ ] Perusopetuksen paikallisessa opetussuunnitelmassa tulee tarkentaa opetuksen perustana olevia arvoja. Niiden tulee välittyä opetuksen tavoitteisiin ja sisältöihin sekä jokapäiväiseen toimintaan." Kasvatuksen kansallisena tavoitteena voidaan pitää suomalaisen kulttuurin säilyttämistä, ylläpitämistä ja siirtämistä uusille sukupolville.

Kasvatuksen ja koulutuksen prosesseissa ovat läsnä mitä moninaisimmat tekijät. Ensinnäkin yhteisölliset ja yhteiskunnalliset rakenteet, ihmisten välinen vuorovaikutus, valtasuhteet sekä arvot ja normit. Toiseksi prosesseissa ovat läsnä yksilöiden henkilökohtaiset omanaisuudet ja kokemukset sekä näihin perustuvat toiminnan ja ajattelun tavat. Lisäksi kasvatuksen ja koulutuksen prosesseissa on läsnä kulttuurinen perintö. Lisäksi kasvatuksen ja koulutuksen prosessit ulottuvat kodeista luokkahuoneisiin, yliopistojen luentosaleihin sekä aikuisopetuksen – sekä tällä hetkellä erityisesti etäopetuksen – moninaisiin muotoihin. (Antikainen, Rinne & Koski 2013, 48.) Voidaankin sanoa, että kasvatus ja koulutus ovat tavalla tai toisella läsnä kaikkialla ja elämän eri vaiheissa.

.....

Kasvatuksen ja koulutuksen historia ja kehittyminen liittyvät vahvasti paitsi sivistyksen ja valistuksen ihanteeseen, niin myös länsimaiseen teollistumiseen ja markkinatalouden kasvamiseen. Tänä päivänä puhutaan pitkäaikaisesta mutta nopeutuneesta globalisaatiossa. Globalisaatio on tietyllä tavalla se historiallinen ja yhteiskunnallinen yhteys, jossa myös kasvatus ja koulutus tapahtuvat ja saavat muotonsa. EU:ssa on tapahtunut taloudellisen yhdentymisen rinnalla myös koulutuksellista yhdentymistä, esimerkkinä tästä vaikka Bolognan prosessi (Antikainen, Rinne & Koski 2013, 433). Kansainväliset tapahtumat ovat heijastuneet ja heijastuvat myös suomalaisessa koulutuspolitiikassa.

Tämä kirja

Luettuani vuoden 2019 aikana pinon kasvatusta ja koulutusta koskevaa kirjallisuutta, tehtyäni luetusta muistiinpanoja ja purettuani ne, tarkastelin aikaan saamaani – varsin villiä – kokoelmaa. Olin pyrkinyt etsimään erilaisista kasvatuksen ja koulutuksen käsitettä ja tarkoitusta avaavia näkökulmia. Niitä olin kyllä saanut, yllin kyllin. Nyt tästä kaikesta rönsyilevästä materiaalista piti muodostaa lukuja ja kirjan tekstiä. Lukiessani vuoden 2021 aikana muistiinpanoja, siirtelin niitä kahteen kategoriaan: kasvatus ja koulutus. Nämä jako on toisaalta itsestään selvä, mutta toisaalta keskustelut limittyvät ja lomittuvat, jolloin raja jää hämäräksi ja epäselväksi. Tämän dikotomisen jaon jälkeen luin näiden alustavien lukujen vielä kovin sekalaista sisältöä. Tekstistä hahmotin keskeisiä teemoja, joista laadin lukujen alaluvut. Siirtelin taas tekstipätkiä paikasta toiseen, sidoin niitä toisiinsa, tein yhteenvetoja ja kirjoitin omia pohdintojani. Luin myös joitakin uudempia kasvatusalan kirjoja sekä ajatteluni virkistykseksesi, että peilataksen käsikirjoitustani uusiin näkökulmiin. Tiedostan, että työtä voisi jatkaa loputtomiin, lukemattomia kirjoja on paljon. Myös teemat ovat niin laajoja, että niistä voisi kirjoittaa omia kirjojaan. Kasvatusta ja koulutusta on tutkittu ja niistä on kirjoitettu paljon. Päiväkirja osuudessa käsittelin niistä osaa. Seuraavien - kasvatusta ja koulutusta käsittelevien - lukujen keskeiseksi, itseänikin vähän yllättäen, teokseksi nousi Ari Antikaisen, Risto Rinteen ja Leena Kosken kirjoittama *Kasvatussosiologia* (2013), koska siinä väistämättä tiivistyy se moninainen tieto ja keskustelu, jota koulutustutkimuksen kentällä on. Teoksen merkittävyydestä kertoo myös se, että kirjasta tuli kuudes päivitetty painos vuonna 2021. Kehotankin syvällisempää ja laajempaa esitystä kaipaavia lukijoita tarttumaan tähän teokseen.

Tässä käsillä olevassa kirjassa olen tehnyt yhdenlaisen katsauksen kasvatusta ja koulutusta käsittelevään kirjallisuuteen ja jäsennellyt sen seuraavasti: Ensimmäisessä luvussa jatkan kasvatuksen tarkastelua niin yhteiskuntaan kuin yksilöön kiinnittyvänä. Keskeiseksi tarkastelukulmaksi nousee kasvatus sosialisaationa sekä kasvatukseen liittyvät arvon, moraalin ja vallan kysymykset. Kasvatus luku alkaa lyhyellä katsauksella kasvatuksen historiaan.

Koulutusta tarkastelevassa luvussa pohditaan tiedon, tietämisen, koulutuksen ja yhteiskunnan sekä vallan, kontrollin ja mahdollisuuksien välisiä suhteita. Myös koulutus -luku alkaa lyhyellä katsauksella historiaan.

Lopuksi teen yhteenvetoa kirjan teemoista, käyn keskustelua kirjallisuuden kanssa sekä palaan vielä päiväkirjaan ja kirjoitan päiväkirjan viimeiset sivut.

KASVATUS

Kant: "Ihminen tulee ihmiseksi kasvatuksen kautta" (Sivenius, Värri ja Pulkki 2018, 121).

Tässä luvussa pohdin lukemieni tekstien pohjalta kasvatuksen käsitettä ja sitä, minkälaisina kasvatuksen tavoitteet ja ideaalit hahmottuvat. Kasvatuksella viitataan yleensä vanhempien antamaan kotikasvatukseen, mutta myös institutionaaliseen varhaiskasvatukseen tai koulun tekemään kasvatustyöhön. Kasvatuksen yhtenä määritelmänä voidaan pitää sosiaalistamista vallitsevaan yhteiskuntaan. Tarkastelu sosialisaation näkökulmasta onkin yksi merkittävätapa lähestyä kasvatusta. Keskeisiä ovat myös historian, käsitteen määrittelyn sekä tiedon ja tiedonintressien näkökulmat. Kasvatusta tarkasteltaessa myös moraalin, vallan sekä kontrollin ja vapauden teemat nousevat esiin. Yksi keskeinen kysymys on – jälleen - se, tarkastellaanko kasvatusta yksilöstä vai yhteiskunnasta lähtöisin. Tässä luvussa tuon esiin joitakin huomioita näistä eri näkökulmista. Jokaisesta teemasta voisi kirjoittaa, ja onkin kirjoitettu, niihin fokusoituneita kirjoja. Tässä luvussa pohdinnat ovat enemmän fragmentaarisia, mutta tarkoituksena on tuoda esiin kasvatukseen liittyviä erilaisia ulottuvuuksia ja moninaisuutta.

Antikainen (1988, 13; 1993, 13) toteaa että usein ajatellaan, että vain koulutus on yhteiskunnallista ja että kasvatus on yksilöllistä. Antikainen pitää tätä virheellisenä yksinkertaistuksena ja hänen mukaansa yhteiskunnallinen ja yksilöllinen ovat sisäkkäisiä eivät vastakkaisia. Hänen mukaansa kasvatuksessa on kuitenkin aina kysymys yksilön persoonallisuuden kehittymisestä.

Kasvatussosiologian näkökulmasta kasvatus on vahvasti sidottu yhteiskunnallisiin prosesseihin ja on ymmärrettävissä suhteessa niihin. Ihmisen kasvattamisen voidaan ajatella alkavan viimeistään siitä hetkestä, kun hän syntyy. Yhteiskunnallisena prosessina kasvatus tapahtuu yksilöllisten, kulttuuristen, historiallisten, poliittisten, taloudellisten ja yhteiskunnallisten ehtojen ja mahdollisuuksien puitteissa. (Antikainen, Rinne ja Koski 2013, 15).

Kasvatuksesta on historian saatossa kirjoitettu paljon. Esiin on nostettu muun muassa saksalainen järjen ja valtioiden merkitystä painottanut filosofi Georg Wilhelm Friedrich Hegel (1770-1831) ja hänen merkityksensä myös kasvatusajattelulle. Hegeliläisenkäsityksen mukaan kasvatus on kehitystä yhteiskunnan ja yhteisön jäseneksi. Suomessa hegeliläistä ajattelua edustivat muun muassa Suomen kansallisfilosofi, kirjailija ja fennomaani Johan Vilhelm Snellman (1806-1881) sekä Zachris Joachim Cleve (1820 – 1900). Snellmanin mukaan lasten kasvatus kuuluu perheelle ja on lähinnä moraalikasvatusta. Ja varsinaisen opetuksen, eli tiedollisen kasvatuksen, tulee tapahtua valtion ohjauksessa ja valvonnan alaisena. (Antikainen 1988, 54, Ahonen 2011, 241.) Snellmanille sivistys oli ihmisyyden ilmentymä ja kansan sivistyminen tarkoitti yksilöiden pyrkimystä kansakunnan ja sitä kauttaihmiskunnan jäseniksi (Heikkinen 2011, 66-77). Myös Snellmania kasvatus- ja opetusopin professorina seurannut Cleve näki kasvatuksen historiallisesta näkökulmasta, yhteisön perinteeseen perustuvana ja kansakunnan kehitystä edistävänä. Hänen mukaansa kasvatuksen tavoitteena on omatoiminen, sivistynyt ja siveellinen ihminen. (Antikainen 1988, 54).

HISTORIAN MURUSIA

"Kasvatus on niin vanha kuin ihmiskunta" (Suoranta 2005, 15). Mutta miksi ja mihin ihmisiä pitää kasvattaa?

Kasvatuksen ja koulutuksen merkitys on vahvistunut jatkuvasti modernissa maailmassa (Tähtinen 2012, 237). Keskiajan ja uudenajan taitekohta, 1500 – 1800 -luku, oli tärkeä modernin länsimaisen kulttuurin muotoutumiselle. Samalla se on aikakausi, jolloin kansanopetus, kouluopetus ja pedagogiikka lähtivät nousuun länsimaissa. (Tähtinen 2012, 238-239.) Erityisesti valistuksen aika noin 1600 – 1700 luvuilla vaikutti kasvatusajatteluun. Myös hegeliläinen valtioajattelut sekä 1700- ja 1800-luvulla länsimaissa kehittynyt kansallisromantiikka vaikuttivat siihen, mitä tavoitteita kasvatukselle asetettiin. (Koski 2011, 159.) Lapsen kasvusta ja kasvatuksesta kiinnostunut ranskalainen valistusajan filosofi Rousseau (1712 – 1778) sekä kasvatusteorioita luonut sveitsiläinen pedagogi Johan Heinrich Pestalozzi (1746-1827) ovat vaikuttaneet suuresti kasvatusajatteluun ja myös kansanopettamisen kehittämiseen (Jalava 2011, 83-85).

Suomessa 1800 -luvun alkupuolella kirkko vastasi edelleen pitkälti kansan henkisistä, mutta myös kasvatuksellisista tarpeista. Pikkuhiljaa kristillis-moraalisen sääty-yhteiskunnan tilalle tuli kansalaisyhteiskunta. (Heikkinen & Leino-Kaukiainen, 2011 a, 11.) Kasvatus alkoi institutionalisoitua ja ammatillistua ja raja perheen ja koulun kasvatusvastuun välillä alkoi hämärtyä (Heikkinen & Leino-Kaukiainen, 2011 a, 12).

Kasvatuksella on siirretty sukupolvelta toiselle taitoja, joiden avulla on torjuttu uhkia ja mahdollistettu hengissä säilyminen. Ajan saatossa, filosofioiden ja kulttuurien kehittymisen myötä syntyneitä kasvatusaatteita on jalostettu erilaisiksi teorioiksi ja kasvatusjärjestelmiksi. Kasvatuksen tavoitteena on ollut, ja on edelleen, sen ylittäminen mitä on tässä ja nyt, uusien näköalojen ja mahdollisuuksien luominen ja avaaminen. (Suoranta 2005, 15.) Eli kasvatuksen katse ja tavoite on tulevaisuudessa. Kasvatuksen yksi tavoite on sen ennakointi, mitä taitoja, osaamista ja tietoa tulevaisuudessa tarvitaan. Filosofit, teologit sekä yhteiskuntateoreetikot ovat olleet merkittävässä asemassa kasvatusajattelun kehittymisessä. Valistuksen myötä kasvatusajattelua ja -teorioita kehittävät pedagogit ja kasvatustieteilijät tulivat kuvaan mukaan.

Puolalaissyntyinen sosiologi ja myöhemmin Yhdysvalloissa vaikuttanut Florian Znaniecki (1882 – 1958) tarkasteli kasvatusta sosiaalisena järjestelmänä ja sosiaalisena prosessina, jossa kasvattajan ja kasvatettavan vuorovaikutuksessa heidän toimintonsa ovat kulttuurisesti mallittuneita ja yhteiskunnallisesti säädeltyjä. Znanieckin mukaan sosiaalisten järjestelmien yleisluokkaa kutsutaan sosiaalisiksi suhteiksi ja kasvatusprosessit ovat näiden alaluokkaa. Hänen mukaansa kasvatussuhde on vai osa laajempaa sosiaalista suhdetta, mutta historian kuluessa tämä suhde on erikoistunut ja eriytynyt. (Antikainen 1993, 31.)

Aikaisemmin perinne määritteli sen, miten asiat tehdään ja sosiaalinen järjestys oli melko muuttumaton. Teollistuminen ja lisääntynyt liikkuvuus tarjosi paitsi erilaisia mahdollisuuksia ja tavoitteita, niin myös vaikutti sosiaalisen elämän muodostumiseen. Perinteen ohjaama ja tilannekohtainen kontrolli ei enää riittänyt, vaan lapsille ja nuorille alettiin opettamaan yksilöllisyyttä ja sisäistettyjä tavoitteita. Kasvatuksesta tuli luonteen kasvatusta, sivilisoituneen käyttäytymisen omaksumista syyllisyydentunteen valvomana – voidaan sanoa, että sosialisaatiotyyppi oli muuttunut sisältäpäin ohjautuvaksi. Myöhemmin 1950 -luvulta lähtien kasvatuksen voi nähdä ulkoapäin ohjautuvaksi. Ensinnäkin perheen rinnalle on noussut vertaisryhmien suuri merkitys. Toiseksi joukkotiedotuksen voimistuminen ja kolmanneksi kasvatuksen ammatillistuminen ja asiantuntijavaltaistuminen. Neljänneksi identiteetin etsinnästä on tullut nuoruuden kehitystehtävän sijaa elinikäinen jatkuva projekti. Moderni identiteetti tehdään, se on muuttuva ja monikerroksinen, samalla toiminnasta on tullut itsen varassa toimimista. (Antikainen 1993, 100 – 102.)

Suomi muuttui 1860-luvulta 1960-luvulle niin poliittiselta asemalta, kuin yhteiskunta- ja talousrakenteen osalta suuresti. 1860-luvulla kirkon valta kasvatus- ja koulutuskysymyksissä oli siirtynyt maalliselle vallalle. Toisen maailmansodan jälkeen alkoi kansainvälinen kansakäyminen lisääntymään ja 2000-luvun lähestyessä elettiin yhä globaalimmassa maailmassa. (Heikkinen & Leino-Kaukiainen 2011 b, 468-470). Yhteiskunnalliset muutokset heijastuvat siihen, minkälaisiksi kasvatuksen ja koulutuksen tavoitteet asetetaan. 1900-luvun loppuvuosikymmeninä kasvatuksesta ja koulutuksesta alettiin puhumaan yhä enemmän uuden monikulttuurisen Suomen perustan rakentamisen välineenä, ja kouluopetuksen ohjenuoraksi tuotettiin uusia kansalaisuuden sisältöjä, osittain patrioottisten jäänteiden päälle, osittain niiden rinnalle. (Harinen 2005, 285-286).

KASVATUKSEN MÄÄRITTELYJÄ JA FUNKTIOITA

Kasvatus (education) voidaan määritellä inhimillisenä toimintana, jonka tarkoituksena on edellytysten luominen ihmisen monipuoliselle kehitykselle ja kasvulle. Kasvatustieteen alalla pitkään vaikuttaneen professori Sirkka Hirsjärven varsin kattavassa määritellyssä "Kasvatuksessa, joka on kasvattajan ja kasvatettavan välistä vuorovaikutusta, on olennaista kasvuvirikkeiden tarjonta ja säätely, joiden avulla mm. tietoja, taitoja ja kulttuuriperintöä välitetään. Kasvatus on yläkäsite, johon sisältyvät myös opetuksen ja koulutuksen käsitteet. Kasvatus on muuhun kulttuuriin ja inhimilliseen toimintaan sidoksissa ja sen piirteet määräytyvät kunkin yhteiskunnan rakenteen ja kehitystason mukaan. Yhteiskunnassa, sen alaryhmissä ja yksittäisissä kasvattajissa ilmenevistä arvostuksista riippuu mm. se, minkälaisiin kasvatuspäämääriin kulloinkin pyritään. Kasvatuksella on kaksi perustavanlaatuista funktiota: toisaalta se on voimakkaasti yhteiskuntaa koossapitävä ja säilyttävä instituutio, koska juuri kasvatuksen avulla siirretään kulttuuriomaisuutta uusille sukupolville, toisaalta se on yhteiskuntaa uudistava instituutio, sillä kasvatuksen yhtenä keskeisenä päämääränä on edistää yksilöllisyyden ja ainutlaatuisuuden toteumista jokaisessa yksilössä, mikä puolestaan vaikuttaa uuden kulttuurin syntymiseen " (Hirsjärvi 1983, 72-73). Tässä määrittelyssä tulee esiin kasvatuksen keskeiset seikat: sidos kulttuuriin ja yhteiskuntaan, kaksoistehtävä yhteiskuntaa uudistavana ja toisaalta säilyttävänä instituutiona sekä kasvatuksen luonne vuorovaikutussuhteena. Kasvatus nähdään myös yläkäsitteenä ja koulutus on opetus sisältyvät siihen.

Mutta, mitä kasvatuksella tarkoitetaan? Antikainen toteaa, *"ettei ole yhtä ainoaa kasvatuksen määritelmää*, vaan eri tieteen- ja tutkimusalat määrittelevät sen omasta näkökultaan (Antikainen & Nuutinen 1989, 7 – 10)." (Antikainen 1993, 10). Kasvatus perustuu inhimilliseen kasvuun ja kehitykseen, joka tapahtuu ihmisyhteisössä ja sosiaalisessa vuorovaikutuksessa. Tämän kehityksen ohjaaminen merkitsee kasvatusta ja jolloin kasvatus on aina jossain määrin välineellistä ja "manipulatiivista". (Antikainen 1993, 10). Keskeiseksi kysymykseksi nousee se, missä määrin ja millä tavoin kasvatus on välineellistä. Kuka ohjailee ja mihin suuntaan?

Jos kasvatus on ohjaamista, niin sillä on väistämättä joku suunta, joku tavoite tai päämäärä, jota kohti ohjataan. Ohjaamisella halutaan saavuttaa joku haluttu tila. Eli on joku – aikuinen, yhteiskunta, instituutio, yhteisö – joka tietää, mikä on oikea suunta ja mitä on hyvä tavoitella. Eli kasvatukseen liittyy valta-asetelma – on joku, joka tietää paremmin ja joku, jota kasvatetaan. Milloin tämä toiminta tai suhde muuttuu manipulatiiviseksi? Onkin hyvä huomata myös se, että kasvattajat toimivat sosiaalisten rakenteiden ja instituutioiden edustajina eivät vain yksilöinä (Antikainen 1993, 11 - 12).

Antikaisen mukaan *kasvatuksen laajin määritelmä on antropologinen*, joka liittää kasvatuksen ihmislajin kehitykseen ja ihmisen kehitykseen kulttuuriolentona (Antikainen 1988, 10; 1993, 10). Tähän liittyen Antikainen viittaa Pekka Kuusen evoluutioteoreettiseen eloonjäämisoppiin ja siihen, miten säilyttävästä oppimisesta tulisi siirtyä ennakoivaan ja uudistavaan oppimiseen, jos halutaan ratkaista ihmiskunnan suuret ongelmat. (Antikainen 1988, 10; 1993, 10). Erittäin ajankohtaista myös nykypäivänä. Tässä Antikainen siirtyi kasvatuksesta puhuessaan oppimiseen. Eli kasvatus ja oppiminen liittyvät kiinteästi toisiinsa. Kasvatus on elämässä tarvittavien taitojen, tapojen ja käyttäytymiskoodien opettamista.

Antikaisen mukaan *kasvatuksen suppea, psykologinen määritelmä* määrittelee kasvatuksen kahden henkilön eli kasvattajan ja kasvatettavan, vuorovaikutuksena ja tavoitteellisena toimintana, jonka tavoitteena on ohjata kasvatettavan persoonallisuuden kehittymistä. (Antikainen 1988, 11; 1993, 10). Arkikielessä kasvatuksesta puhuessamme puhumme yleensä juuri tästä suppeasta tai mikrotason kasvatuksesta, jossa kasvatus liitetään lapsuus- ja nuoruusikään. Nykyisen käsityksen mukaan kehitys tulisi kuitenkin nähdä elinikäisenä tapahtumana ja näin ollen kasvatuskin käsitettävä elinikäisenä. Tässä Antikainen viittaa psykologien tutkimaan ihmisen elämänkaareen, sosiologien tutkimaan elämänkulkuun ja pedagogien tutkimaan elämänikäiseen oppimiseen. (Antikainen 1988, 11; 1993, 11).

Kasvatus ei kuitenkaan ole vain yhdensuuntaista. Sen lisäksi, että kasvattaja myös itse kasvaa ja kehittyy, niin Antikainen muistuttaa myös, että kasvatus voi olla myös itsekasvatusta eli "rakentua kasvun myötä karttuviin omiin voimavaroihin." (Antikainen 1988, 11). Ymmärrän tämän itsekasvatuksen idean ajatuksena ihmisen kasvamisesta kohti itse itselle asetettuja tavoitteita, muutosta. Eli omien voimavarojen kartuttua ihminen voi tavoitella jotain uutta suuntaa elämälleen, hankkia uusia kykyjä, taitoja tai osaamista, jotta voi tavoitella uusia päämääriä – kasvaa ihmisenä itselle merkitykselliseen uuteen suuntaan.

Kasvatuksen sosiologisen määritelmän Antikainen näkee sijoittuvan kasvatuksen laajan ja suppean määritelmän väliin. Vuoden 1988 teoksessa määrittely menee näin "Kasvatus onkin sosiaalistumista siihen yhteiskuntaan, yhteisöön ja ryhmään, jossa ihminen elää." (Antikainen 1988, 11). Viisi vuotta myöhemmin julkaistussa teoksessa nähdään, että "Kasvatus onkin sosiaalistumista siihen kulttuuriin ja sosiaaliseen ympäristöön, jossa ihminen elää." (Antikainen 1993, 11). Aikaisemman 1980 luvun määritelmän yhteiskunta, yhteisö ja ryhmä on vaihtunut kulttuuriin ja sosiaaliseen ympäristöön. Mistä eri termit kertovat? Entä onko 2020-luvun kasvatus edelleen sosiaalistumista siihen kulttuuriseen ja sosiaaliseen ympäristöön, jossa ihminen elää? Vai onko tilalle tulleet globaalit ja virtuaaliset ympäristöt ja todellisuudet?

Kasvatuksen määrittelyä tarkasteltaessa ranskalainen sosiologi ja antropologi Émile Durkheimin (1858-1917) on keskeinen kasvatuksen teoriaa pohtinut ajattelija. Hänen määrittelyssään "Kasvatus on aikuissukupolvien vaikutusvallan harjoittamista niihin, jotka eivät vielä ole valmiita yhteiskuntaelämään. Sen tarkoituksena on synnyttää ja kehittää lapsessa tietyt fyysiset, tiedolliset ja moraaliset tilat, joita edellyttää sekä yhteiskunta kokonaisuutena että se erityinen sosiaalinen ympäristö, johan hän on joutunut." (Antikainen 1988, 12). Tämä Durkheimin näkemys on melko autoritaarinen, ylhäältä alaspäin suuntautuva. Myöhemmin myös unkarilaissyntyinen sosiologi Karl Mannheim (1893 – 1947) katsoi, että kasvatus on aikuissukupolven suunnitelmallista toimintaa nuoren sukupolven tajunnan muotoilemiseksi (Antikainen 1988, 34).

Myös tajunnan muotoilu kuulostaa autoritaariselta ja yksisuuntaiselta toiminnalta.

Manneimin mukaan, kasvatuksen tavoitteilla on historiallinen luonne, ja ihmiset valitsevat arvoja ja integroituja arvojärjestelmiä tienviitoikseen ja ihanteikseen (Antikainen 1988, 35).

Ajankohdan huomioiminen on tärkeää. Ajatukset siitä, mitä kasvatus on ja miten sitä toteutetaan, ovat muuttunut ajan kuluessa. Kasvatus on erilaista erilaisissa sosiaalisissa ympäristöissä ja vaihdellut eri aikoina ja eri maissa. Myöhemmissä sosialisaation ja kasvatuksen määritelmissä on mukana niiden vuorovaikutuksellisuus. Onkin suuri merkitys sillä, onko kasvatuksessa tai sosialisaatiossa tavoitteena asiantiloihin mukautuminen vai muutokseen ja kehitykseen tarvittavien valmiuksien muodostuminen (Antikainen 1988, 10-12).

Sosiologian klassikot Émile Durkheim, Karl Marx (1818-1883) ja Max Weber (1864-1920) ovat yleisten yhteiskuntateorioiden yhteydessä tarkastelleen myös kasvatusta ja koulutusta ja vaikuttaneet käsityksiin ja ymmärrykseen kasvatuksen, koulutuksen ja yhteiskunnan suhteista (Antikainen 1993, 16-17). Seuraavassa nostan esiin erityisesti Durkheimin ajatuksia kasvatuksesta.

Durkheimille kasvatus on nimenomaan sosiaalinen instituutio. Hänen mukaansa kasvatus on instituutioiden ja käytäntöjen kokonaisuus, joka on kiinteässä yhteydessä muiden sosiaalisten instituutioiden kanssa. Durkheimille kasvatus on samanaikaisesti sekä yhteiskunnan kuva että sen heijastuma saaden erilaisia muotoja eri aikakausina ja eri maissa. Durkheimille kasvatus toteuttaa ne ihanteet, joita yhteiskunta kokonaisuutena sekä poliittisena yhteisönä tuottaa. Myös jokainen sosiaalinen ympäristö tuottaa niitä ihanteet, jotka kasvatus toteuttaa. Durkehimille kasvatus olikin sopeutumista tai sopeuttamista, jossa kasvattajan tai kasvatettavan aktiivisuutta tai vastarinnan mahdollisuutta ei otettu huomioon. Myöhemmin Durkheimin teorioita onkin kritisoitu siitä, että hän ei nähnyt kasvatusta ja koulutusta koskevaa päätöksen tekoa ja vaikuttamista ideologisena vallankäyttönä, vaan näki kokonaisyhteiskunnan moraalisen tietoisuuden harhattomana (Antikainen 1988, 25-26).

Durkheim painotti kasvatuksen yhteiskunnallista luonnetta ja hänelle kasvatus heijasti aina aikuisen sukupolvien pyrkimystä muokata lasten ja nuorten toimintataipumuksia. Hänen mukaansa taloudelliset intressit eivät luo yhteiselle toiminnalle riittäviä perusteluja. Myös uskonnon tilalle tulleita yksilöllisyyden korostamista ja individualismia Durkheim vastusti. Hänelle kasvatuksessa keskeistä on moraali ja kasvatuksessa tarvitaan yhteiskunnallisen moraalin analyysia ja pohdintaa. Moraalisessa toiminnassa hänelle oli keskeistä sotaisuuden välttäminen ja pasifismin kehittäminen. (Allardt 2005, 21-23.)

Antikainen (1988, 26) kysyy, onko myöhemmästä kritiikistä ja psykologisen, sosiologisen ja yhteiskunnallisen tietämyksemme kasvamista huolimatta Durkheimin käsitys siitä, että pedagoginen muutos on sosiaalisen muutoksen tulos ja merkki, vähääkään vanhentunut.

Mannheimille kasvatus on keskeinen osa hänen yhteiskuntasuunnittelun käsitettä. Mannheimin mukaan kasvatus tulee käsittää laajasti, eri instituutioissa (koulu, koti, kirkko, järjestöt, työpaikat ym.) tapahtuvaksi sekä toisaalta aikuissukupolven suunnitelmalliseksi toiminnaksi nuoren sukupolven tajunnan muotoilemiseksi. Mannheimin mukaan sekä kasvatuksen tavoitteet kuin tekniikatkin ovat yhteiskunnallisesti ohjattuja ja olisikin jatkuvasti tiedostettava se yhteiskunnallinen yhteys, jossa tavoiteltavat arvot ja käytettävät tekniikat valitaan. (Antikainen 1993, 35-38.)

Marxin esittämä kysymys siitä, miksi kasvatus on yhteiskuntaan mukautumista ja vallitsevien eriarvoisuuksien jatkamista sukupolvesta toiseen on keskeinen ja merkittävä. (Antikainen 1993, 17) Yhteiskunnassa, kulttuurissa ja talouselämässä tapahtuvat muutokset heijastuvat myös keskusteluun kasvatuksesta ja kasvatuksen tavoitteista. Kasvatuksen dilemmana tai ristiriitana voidaankin pitää sitä, missä määrin kasvatus on yhteiskuntaa sopeuttamista ja missä määrin yhteiskunnallisten rajoitusten ylittämistä ja kriittiseen ajatteluun kasvamista.

KASVATUS SOSIAALISENA TOIMINTANA

Sosialisaatio ymmärretään yleensä erilaisten taitojen, tietojen ja arvojen välittämisenä sukupolvelta toiselle. Kasvatustieteilijät ovat pohtineet erityisesti sosialisaation, kasvatuksen ja koulutuksen välisiä suhteita. Kasvatuksen jäsentäminen sosialisaatioksi voidaan ymmärtää sosiologiseksi näkökulmaksi kasvatukseen. (Antikainen 1988, 12.)

Onko siis sosialisaatio ensisijaista ja kasvatus toissijaista (Helanko, ks. Antikainen 1988, 57) vai miten päin? Vai onko kasvatus sosialisaatiota (Antikainen 1988, 67). Mikä on sosialisaation lopputulos? Antikaisen vuoden 1988 kirjassa sosialisaation lopputuloksena voidaan pitää sitä, että ihminen sosiaalistuttuaan ylipäätään kykenee elämään yhteiskunnassa (vaikka kapinallisena tai erakkona) (Antikainen 1988, 67). Sosialisaatiolle on ehkä esitetty myös spesifimpiä tavoitteita?

Sosialisaation, kasvatuksen ja koulutuksen käsitteiden välinen suhde voidaan nähdä hierarkkisena niin, että sosialisaatio on laajin ja koulutus suppein käsite (Antikainen 1988, 13; 1993, 13). Tämä on lähtökohta myös 1988 teoksessa, mutta samalla ajatellaan, ettei tämä määritelmä riitä. Teoksessa tarkastellaan kasvatusta ja koulutusta sosiologisesti sosialisaation teoreettisessa viitekehyksessä (Antikainen 1988, 13).

Puolassa syntyneen ja myöhemmin Amerikassa sosiologian professorina toiminut Florian Znaniecki näki kasvatuksen sosiaalisena toimintana, jolla on tarkoitus ja mieli. Hän jakoi 1970 -luvun tarkastelussaan kasvatukselliset ympäristöt neljään ryhmään.
- varhainen kasvatusympäristö (perhe, naapurit ja vertaiset)
- kouluinstituutio (koulu ja omatoiminen opiskelu)
- välillisen kasvatuksen instituutiot (kirjat, elokuvat, joukkotiedotus ym.)

- muut (Antikainen, Rinne & Koski 2013, 420 – 422)

Tällaisen jaottelun merkitys on mielestäni siinä, että se tuo ymmärrystä kasvatuksellisten ympäristöjen moninaisuudesta ja siitä, että kasvatus ei ole vain vanhempien tai varhaiskasvatuksen tehtävä. Vaikka nykypäivänä tuon "muut" kategorian osuus on kasvanut ja vuorovaikutus radikaalisti laajentunut, niin perhe ja kouluinstituutiot ovat säilyttäneet merkityksensä.

Durkheimille kasvatus on aikuissukupolvien vaikutusvallan harjoittamista, niihin, jotka eivät vielä ole valmiita yhteiskuntaelämään. Kasvatuksen tarkoituksena on synnyttää ja kehittää lapsessa tietyt fyysiset, tiedolliset ja moraaliset tilat, joita edellyttää sekä yhteiskunta kokonaisuutena että se erityinen sosiaalinen ympäristö, johon hän on joutunut. (Antikainen, 1993, 12.)

Tuomas Takalan (Antikainen, 1993, 12) mukaan sosialisaatio on se sukupolvien välinen vuorovaikutustapahtuma, jonka tuloksena uusi sukupolvi valmistuu toimimaan yhteiskunnan eri tehtävissä ja kehittämään niitä edelleen sekä tulee osalliseksi yhteisön kulttuurista ja kykeneväksi kehittämään sitä edelleen. Siinä, missä Durkheimille kasvatus on systemaattista ja metodista sosiaalistamista, Takalan määritelmässä on mukana kasvatuksen ja sosialisaation vuorovaikutusluonne. (Antikainen 1988, 24; 1993, 12, 26).

Kasvatustieteilijän ja kasvatusopin professorin Matti Koskenniemen (1908-2001) mukaan sosiaalinen kasvatus tapahtuu sekä sosiaalistumisena kouluyhteisössä ja muussa sosiaalisessa ympäristössä, että tarkoituksellisena välittömänä ja välillisenä opettamisena. Hänen mukaansa kyseessä ei ole yhdensuuntainen sosiaalistaminen vallitsevaan yhteiskuntaan, vaan koululla on oma itsenäisyytensä ja oppilaat tarvitsevat liikkumatilaa. (Antikainen 1993, 66.)

Sosialisaatio voidaan jaotella primaari- tai sekundaarisosialisaatioksi. Primaarinen sosialisaatio nähdään alkavan jo varhaislapsuudessa ja sen tuloksena muodostuu minuus persoonana ja persoonallinen identiteetti. Primaarinen sosialisaatio tapahtuu varhaisessa kasvuympäristössä. (Antikainen, Rinne & Koski 2013, 43, Antikainen 1993, 77). Sekundaarinen sosialisaatio puolestaan painottuu myöhäisempiin vuosiin ja merkitsee osallistumista yhteiskunnan jäsennyyteen – sosiaalistumisena rooleihin (Antikainen 1993, 77). Yksilön elämänkulussa erilaisissa sekundaariryhmissä (vertaisryhmät, päiväkoti, koulut, työelämä, media ja muut yhteisöt ja ryhmittymät) tapahtuvalla oppimisella ja toiminnalla on tärkeä merkitys. Voidaan sanoa, että sekundaarisen sosialisaation osuus ihmisen kasvussa ja kasvatuksessa on jälkimodernissa yhteiskunnassa lisääntynyt. (Antikainen, Rinne & Koski 2013, 43) Sosiaalistumisen rinnalla tapahtuu yksilöllisten valmiuksien kehittymistä ja toisaalta sosialisaatiossa uusinnetaan ja tuotetaan myös yhteiskunnan rakennetta. Kasvatus voidaan nähdä sosialisaation näkökulmasta sosiaalisessa toiminnassamme rakentuvana ja historiallisesti muuttuvana tavoitteisena toimintana uuden sukupolven sosiaalisen ja yksilökehityksen auttamiseksi ja ohjaamiseksi. (Antikainen 1993, 77.) Kasvu ja kehitys, joita kasvatuksella pyritään tukemaan ja ohjaamaan tapahtuvat ihmisyhteisöissä ja näin ollen sosiaalisessa vuorovaikutuksessa (Antikainen, Rinne & Koski 2013, 430).

Sosiologisesti tarkasteltuna kasvatus on ihmisen sosiaalistumista siihen fyysiseen ja henkiseen kulttuuriympäristöön, jossa hän elää. Durkheimille kasvatuksen tarkoitus on sopeuttaa uudet yksilöt yhteiskunnan tarpeisiin rakentamalla siltaa yksilön henkilökohtaisten pyrkimysten ja yhteiskunnan yksilölle asettamisen vaatimusten välille. Durkheim puhuu yhteiskunnassa vallitsevasta kollektiivisesta tietoisuudesta, joka on ominaista kulloisellekin yhteiskunnalle. (Antikainen, Rinne & Koski 2013, 41). Millainen kollektiivinen tietoisuus Suomessa vallitsee tällä hetkellä? Entä miten se näkyy koulutuksen ja kasvatuksen tavoitteista?

Käsitteellä kansalaiskasvatus tarkoitetaan yleensä kouluissa opetettavaa oppiainetta, mutta sillä voidaan viitata myös laajasti sosialisaatioon, jonka kautta ja kuluessa yksilöt kasvavat sisään kulttuurisiin tapoihin ja vaatimuksiin (Harinen 2005, 281). Kansalaisuuteen kasvattamiseen ja kasvamiseen voidaan lisätä myös osallisuuden, osallistumisen sekä kansalaisvaikuttamisen ajatuksia (Harinen 2005, 281). "Kansalaiskasvatus voidaan nähdä jäsenyyden opettamiseksi, monen tasoiseksi ja -suuntaiseksi sekä erilaisissa kohtaamisissa tapahtuvaksi jatkuvaksi sosialisaatioksi." (Harinen 2005, 283). Näin sosialisaatio nähdään linkittyvän yksilön kasvamiseen kulttuuriinsa, osallisuuden, osallistumisen, vaikuttamisen ja jäsenyyden kokemuksiin. Kansalaiseksi kasvattaminen nähdään vuorovaikutteisena, monitasoisena ja jatkuvana sosialisaationa.

KASVATUS JA MORAALI

Yhteiskunnan eivät pysy koossa ilman jonkinlaisia yhteisiä moraalisia periaatteita ja kasvatuksen erityisesti tehtäväksi voidaan ajatella tuottaa, pitää ja perustella sellaista moraalia, jonka avulla yksilöt tuntevat kuuluvansa yhteisöön. Durkheimille yhteisöön kuuluminen on ihmiselle välttämätöntä, sillä vain kuuluessaan yhteisöön yksilö voi kokea olevansa voimakas ja kykenevä toimimaan myös yksilöllisesti mielekkäästi. (Antikainen, Rinne ja Koski 2013, 17-18.) Samalla kasvatus on yhteydessä moraaliin, jossa keskeiset ainekset ovat kuri, itsekuri, ryhmäjäsenyys, kollektiiviset ihanteet ja autonomisuus. (Antikainen 1988, 24; 1993, 26). Yhteisöt ja yhteisöllisyys ovat kasvatuksesta keskusteltaessa merkityksellisiä, koska – erityisesti koulumuotoinen - kasvatus ja opetus tapahtuvat enimmäkseen jonkinlaisissa yhteisöissä (Antikainen, Rinne ja Koski 2013, 21).

Moraalinen ja siveellinen kasvatus oli kansankasvatuksen keskiössä modernin ajan ensimmäisinä vuosisatoina (Tähtinen 2012, 241). Moraalisen ja siveellisen kasvatuksen taustalla oli 1700-luvun valistusihanteet. 1700- ja 1800-luvuilla länsimaissa kehittyi kansallisromantiikka, joka ihannoi etnisesti yhtenäistä kansaa. Nämä valistuksen ja kansallisromantiikan ideaalit vaikuttivat siihen, että Euroopassa, kuten myös Suomessa, uudenlainen moraalinen säätely kansansivistämisenä ja valistamisena tuli ajankohtaiseksi 1800-luvun kuluessa. (Silvennoinen 2012, 307.) Sivistämistä tarvittiin, koska ihminen ymmärrettiin luonnoltaan hillitsemättömäksi ja pahaksi, ja lapsen viattoman kehon sisällä nähtiin heräämistä odottava paha henki. Sivistyksen ja kasvatuksen tehtävänä oli vahvistaa niitä voimia, jotka vievät ihmistä kohti yksilöllistä ja yhteiskunnallista edistystä. (Koski 2011, 159-160.)

Kasvatus on syvimmiltä luonteeltaan moraalista ja ohjautuu yhteiskunnassa ja yhteisöissä vallitsevasta moraalista. Kysymys ei ole moraalisista säännöistä, jotka lapsi voisi valita, vaan jotka opetetaan lapselle. Kyse on sekä oikeana pidetyn toiminnan, vuorovaikutuksen että ajattelun tavoista ja rajoista, joiden oikeutus perustellaan niin, että lapselle syntyy itsestään selvänä pidetty ajatus hyvän ihmisen ja sosiaalisen järjestyksen ominaisuuksista sekä moraalisesti hyvän ja pahan luonteesta. (Antikainen, Rinne & Koski 2013, 30.)

Yhteiskunnan muutokset muuttavat myös kasvatuksen ja koulutuksen tavoitteita. Joko ajallisesti pitkänä prosessina tai äkillisenä murroksena. (Antikainen, Rinne & Koski 2013, 31.) Suomessa kristillisen tradition ohessa merkittävin yhteiskunnallinen ideologia oli 1800-luvulla hegeliläis-snellmanilainen kansallisromanttinen virtaus, joka vaikutti myös kasvatusajatteluun. Moraalikasvatuksessa tärkeää oli järjen, lujan tahdon sekä itsekurin vaaliminen. (Tähtinen 2011, 187.) Suomalaisessa kasvatustraditiossa snellmanilaiseen ajatteluun perustuva valtiokeskeinen kasvatusideologia, jossa valtiolla on oikeus asettaa myös kotikasvatusta ohjaavat arvot, on ajan kuluessa muuttunut. Aiemmin järkeen ja hyvään luonteeseen liitetty yksilön siveellisyys, alettiin nähdä kiinnittyvän lasten yleisiin sosiaalisiin valmiuksiin ja globaaleihin arvoihin. (Tähtinen 2011, 215.) Tällä hetkellä Suomessa katsotaan, että arvojen valinta ja niiden opettaminen on ensisijaisesti vanhempien oikeus ja velvollisuus ja että yhteiskunnan tulee kunnioittaa ja tukea heidän valintojaan. Toisaalta kodin ja koulun vastuun kysymyksistä keskustellaan julkisuudessakin jatkuvasti. Voidaankin sanoa, että moraalisten järjestysten moninaisuus jälkimodernissa yhteiskunnassa on hajauttanut ja pirstaloinut kasvatusarvoja. Perheiden ja kasvattajien sitoumuksista ja vakaumuksista riippuen lapset voivat saada hyvinkin erilaisen moraalisen perustan elämälleen ja valinnoilleen. (Antikainen, Rinne & Koski 2013, 31.)

Kasvattaja joutuu arjen toiminnoissaan ottamaan kantaa moraalisiin kysymyksiin ja toimimaan kasvatustilanteissa oppimiensa ja valitsemiensa arvojen perusteella. Toisaalta voidaan puhua perusarvoista, joihin halutaan kaikkien sitoutuvan. Esimerkiksi väkivallattomuus ihmissuhteissa on tällainen perusarvo, joita lapsille opetetaan normeina. Koska normit perustuvat arvoille, myös eri ryhmillä ja yhteisöillä on omia, toisistaan poikkeavia normeja. Kasvatuksessa perheiden väliset arvoihin liittyvät erot voivat näkyä normeissa, jotka koskevat lasten ja nuorten päihteidenkäyttöä, kotiintuloaikoja tai seurustelua. Toisaalta jälkimodernissa yhteiskunnassa korostetaan yksilön kykyä arvioida ja ymmärtää erilaisia arvoja ja omaa suhdetta niihin sekä erilaisten arvojen hyväksymistä. Kasvattajilta ja kasvatukselta edellytetään kriittisyyttä, omakohtaista pohdintaa sekä reflektiivistä suhtautumista ympäröivään maailmaan. (Antikainen, Rinne & Koski 2013, 32-35.)

Kasvatusta ja koulutusta säädellään monin eri tasoisin normein, joita on kirjattu sekä virallisiin asiakirjoihin, lainsäädäntöön, opetussuunnitelmiin, koulutusorganisaatioiden sääntöihin. Myös erilaiset kasvatusoppaissa olevat epäviralliset suositukset tai neuvoloissa annettavat ohjeet sisältävät erilaisia normeja. Peruskouluissa ja toisen asteen koulutuksessa normit on kirjattu opetussuunnitelmiin sekä järjestyssääntöihin, jotka säätelevät koulun arkea. Korkea-asteen koulutuksessa normatiivinen säätely keskittyy läsnä- ja poissaolo-oikeuksiin, aikatauluihin ja opintojen suoritustapojen määrityksiin ja arviointiperusteisiin. Voidaankin sanoa, että normatiivinen sääntely läpäisee kasvatuksen ja koulutuksen niin perheiden kuin koulutusorganisaatioiden toiminnan varhaiskasvatuksesta yliopistoon. (Antikainen, Rinne & Koski 2013, 34-35.) Koulun arkea säätelevät viralliset asiakirjat ja niiden sisältämät normit, mutta myös informaalin koulu ja erilaisten vuorovaikutussuhteiden kautta muodostuu käsitykset hierarkioista ja tulkinnat säännöistä.

Kasvatussosiologisena kysymyksenä normien ja normatiivisen säätelyn avulla syntyvät yksilön ja yhteisön suhteet ovat mielenkiintoisia – ja jossain määrin myös ristiriitaisia tai ainakin haastavia - siksi, että kasvatuksen tavoitteena on samalla sekä yksilöllisten ominaisuuksien kehittäminen että yhteisöön sopeutuminen. (Antikainen, Rinne & Koski 2013, 36). Kasvatuksen tavoitteet ovat moninaiset ja samaan aikaan myös erisuuntaisia. Toisaalta kasvatuksella pyritään kehittämään yksilöllisiä ominaisuuksia sekä sopeuttamaan yhteisöön.

Kasvatuksen tärkeä tehtävä on yhteiskunnan tai kulttuurin arvojen, normien ja tapojen siirtäminen sukupolvelta toiselle, mutta ei vain uusintaminen tai säilyttäminen, vaan myös edellä käynti ja uusien ajatustapojen mahdollistaminen. Miten kasvattaa tulevaisuuteen, jota emme vielä tunne?

Tämän päivän eettiset pohdinnat liittyvät ilmastoon, kestävään kehitykseen, sukupuolten, seksuaalisuuden ja etnisentaustan moninaisuuteen sekä sosiaaliseen tasa-arvoon ja oikeudenmukaisuuden kysymyksiin. Mitkä tiedot, taidot tai arvot olisivat ihmiskunnan hyvän tulevaisuuden näkökulmasta tarpeellisia? Tuleeko kasvatus aina väistämättä jäljessä?

VALTA KASVATUKSESSA

Valta liittyy vahvasti kasvatuksen käsitteeseen. Kasvatusjärjestelmän valta perustuu sen institutionaaliseen asemaan. Vanhempien valtana perheinstituutiossa asettaa lapsille sääntöjä ja valvoa niiden toteuttamista ja kouluissa opettajien valtana säädellä opiskelijoiden toimintaa ja arvioida heidän suorituksiaan. Institutionaalinen valta on luonteeltaan normatiivista. Kasvatusinstituutioiden käyttämä valta liittyy niiden oikeutettuun asemaan yksilön elämän säätelyssä, sosiaalisten suhteitten, elämäntapojen ja toimintojen sekä fyysisen ja psyykkisen kehityksen ohjaamisessa ja tarkkailussa. Kasvatuksellisen vallan keinot ja menettelytavat liittyvät niin valistamiseen, ohjaamiseen ja hyväksyntään, kuin myös ojentamiseen, rankaisemiseen ja paheksuntaan. (Antikainen, Rinne & Koski 2013, 37.)

Ranskalaiselle sosiologi Pierre Bourdieulle (1930-2002) kasvatus on pedagogista toimintaa, joka uusintaessaan kulttuurin uusintaa samalla sen takana olevat valtasuhteet. Kasvatuksen hän näkee jakautuvan eriyttämättömään kasvatukseen, joka on minkä tahansa sosiaalisen ryhmän jäsenten vuorovaikutusta. Toiseksi kasvatus voi toteutua perhe- tai kotikasvatuksena tai kolmanneksi institutionalisoituna kasvatuksena. (Antikainen 1993, 48.)

Väkivalta on vallankäytön äärimmäinen muoto, joka ei kuulu yhteiskunnan normaaleihin vallankäytön strategioihin. Fyysisen väkivallan käyttäminen kasvatuskeinona kiellettiin Suomen kouluissa 1900 -luvun alussa ja vanhempien oikeus lasten ruumiilliseen kurittamiseen 1970 -luvulla. (Antikainen, Rinne & Koski 2013, 37.)

Bourdieun mukaan kasvatus on kuitenkin symbolisen väkivallan tärkein muoto. Uusintaessaan kulttuuria ja sen mielivaltaisuuksia kasvatus uusintaa samalla kulttuurin taustalla olevat valtasuhteet, jotka säätelevät kulttuurin historiallista kehitystä arvoista riippumatta. (Nuutinen 2005, 109.) Myös Puolassa syntynyt psykologi Alice Miller (1923-2010) samaistaa kasvatuksen vallankäyttöön ja vaatii kasvatuksen lopettamista. Miller ei usko, että kasvatuksen sisällä olisi väkivallattomia vaihtoehtoja, vaan vaatii kasvatuksen korvaamista väkivallattomalla ohjauksella. (Nuutinen 2005, 109.)

Kasvatus ja sen tutkimus ankkuroituvat inhimilliseen kasvuun ja kehitytykseen. Kehityksen ohjaaminen merkitsee kasvatusta, joka on aina jossain määrin välineellistä. Ohjaaminen voi olla myös manipulatiivista, eli pyrkii piilevästi tavoitteisiin, jotka eivät aina välttämättä ole kasvatettaville edullisia tai hyväksi. Voidaankin kysyä, missä määrin ja mihin suuntaan kasvatus on välineellistä? (Antikainen 1988, 12, Nuutinen 2005, 110) Kasvatuksessa rooleihin sosiaalistuminen edustaa *välineellistä kasvatusta*, ehkä manipulaatiotakin. Tällöin tavoitteet ja ihanteet saattavat olla pitkälle ennalta annetut ja tapahtuu ajatus- ja tunnemielikuvien hallintaa ja kasvattajan vallankäyttöä. Sen vastakohtana olisi *kasvun edistäminen* eli "inhimillinen kasvu", joka perustuu kasvavan tarpeille ja otollisille olosuhteille, sallii tilaa spontaanille luovuudelle ja jakaa valtaa. Todellisuudessa molempia tarvitaan rinnakkain. Kasvatuksen keskeinen ongelma liittyykin legitimaatioon. Kasvatuksen tarkoituksena voidaan nähdä yhdenmukaisuuden luominen sosiaalisen todellisuuden ja sen välille, miten ihmiset ajattelevat, mitä he arvostavat ja miten he toimivat. (Antikainen 1993, 88, 91.)

Ranskalaisen, 1900-luvulla eläneen, tieteenalat ylittävän filosofin Michael Foucaultin vaikutus keskusteluun kasvatuksesta nostaa erityisesti esiin vallan ja tiedon (Husa 2012, 273-275). Foucaulaisittain tulkittuna kasvatus on vallankäyttöä, jossa on kyse kasvatettaviin kohdistuvasta strategisesta toiminnasta (Nuutinen 2005, 110). Foucaultin raadolliseltakin kuulostava ajatuksen koulusta valtakoneiston osana muistuttaa siitä, kasvatukseen kuuluu aina vallankäyttö – myönteisessä tai kielteisessä mielessä.

TIETO JA TIEDONINTRESSIT

Saksalainen filosofi Jürgen Habermas on kehittänyt kriittisen tiedonintressin teorian. Habermas erottelee yhteiskuntatieteestä erilaisia tiedonintressin muotoja, joiden myötä yhteiskuntatiede voi palvella erilaisia yhteiskunnallisia päämääriä ja toimintoja (Saari 2021, 161). Habermas ajatteli, että ihmisillä ja yhteiskunnilla on kolme erilaista tiedonintressiä: tekninen, hermeneuttinen sekä emansipatorinen tiedonintressi. Nämä tiedonintressit ovat perustaltaan antropologisia tai luonnonhistoriallisia ja niiden avulla on pyritty tarkastelemaan tiedon ja tietämisen yhteiskunnallisia ehtoja (Huttunen 2012 b, 209).

Tekninen tiedonintressi syntyy pyrkimyksestä hallita luontoa ja sen seurauksena hallintakeinoiksi ovat kehittyneet luonnontieteet ja käytännön työ. (Suoranta 2005, 58) Ihmiset tuottavat luonnosta erilaisia aineellisia hyödykkeitä ja manipuloivat luonnon objekteja (Huttunen 2021 b, 209). Teknisen tiedonintressin tarkoituksena on tarjota tehokkaita välineitä yhteiskunnan hallintaan (Saari 2021, 161).

Hermeneuttinen tiedonintressi siirtää ja ymmärtää perinnettä (Huttunen 2012 b, 210). Hermeneuttinen tiedonintressi kohdistuu kulttuuriin, ihmisten väliseen vuorovaikutukseen sekä merkitysten tulkintaan ja ymmärtämiseen. Humanistiset- ja yhteiskunnalliset tieteet ovat tämän intressin kehityksen tulosta. (Suoranta 2005, 58) Tämän hermeneuttisen tai praktisen tiedonintressin viitaa lähestymistapaan, jossa tutkitaan ihmistä kulttuuriolentona (Saari 2021, 161).

83

Emansipatorinen tiedonintressi liittyy ihmisten ja sosiaalisten instituutioiden sekä niiden välisten vuorovaikutuksen ja valtasuhteiden tutkimiseen ja näkyväksi tekemiseen. (Suoranta 2005, 58.) Tämä tiedonintressi tähtää ihmisen vapauttamiseen sekä ulkoisista että mielensisäisistä alistamisen rakenteista (Saari 2021, 161). Radikaali kasvatus on erityisesti emansipatorista toimintaa. Radikaaliin kasvatukseen sisältyy luottamus ihmisen kykyyn toimia yhdessä eikä toisiaan vastaa sekä tässä yhteistoiminnassa lujittaa toisissaan sympatian, empatian ja välittämisen siteitä. (Suoranta 2005, 219.)

Habermasille tiedonintressien kehittämisen lähtökohtana on ollut emansipatorisen tiedonintressin perusteleminen ja sitä kautta kriittisen teorian välttämättömyyden osoittaminen. Toisaalta emansipatorisen tiedonintressin olemassaoloa, ja sen perusteluja, on pidetty ongelmallisina (Huttunen 2012 b, 209, 2012) Tiedonintressi ovat kuitenkin yksi tapa tarkastella tietämistä, yksilön kokemuksia ja niiden suhdetta yhteiskuntaan. Tieto, tietäminen ja valta muodostavat moniulotteisen vuorovaikutussuhteen niin subjektin tietämisen kuin myös yhteiskunnallisen hallinnan tasoilla.

"Koulu on siinä suhteessa poikkeuksellinen sosialisaation ja kasvatuksen toimintaympäristö, että se on tarkoituksellisesti suunniteltu kasvatusta ja oppimista varten." (Antikainen 1993, 119). Tätä toimintaa varten koululla on opetussuunnitelma. Opetussuunnitelmat ovat hallinnollisia asiakirjoja, jotka sisältävät tavoitteet, joita opetukselle asetetaan sekä sen tiedon, joka katsotaan tärkeimmäksi välittää eteenpäin (Antikainen, Rinne & Koski 2021, 196.)

Valtiollisissa opetussuunnitelma teksteissä on jo pitkään käytetty oppimispsykologia termejä ja hahmotettu koulunkäynti oppilasyksilön oppimisprosessina. Samalla tämä abstrakti oppimisen kieli häivyttää koulutuksesta sen institutionaaliset, poliittisen ja historialliset viitekehykset ja kohdistaa huomion yksilöön ja yksilönprosessiin. (Saari 2021, 153.)

Kasvatuksen näkökulmasta keskeistä on se, mikä tiedonintressi kulloinkin määrittelee käsitystä siitä, mikä on arvokasta ja tärkeää. Ja mitä nostetaan esiin esimerkiksi opetussuunnitelmissa tai kasvatustavoitteissa.

KASVATUKSEN MAHDOLLISUUS – VAPAUS VS. KONTROLLI

Kontrollin ja vapauden näkökulmasta voidaan pohtia, kuinka paljon kontrollia tarvitaan kasvatukseen? Kuinka vapaata voi vapaa kasvatus olla? Entä kuinka paljon kasvatus sisältää tiedostamatonta kontrollia?

Kasvatuksen arkea voidaan kuvata kahdensuuntaisena kamppailuna kontrollista: lapsi yrittää kontrolloida vanhempaansa ja vanhempi puolestaan lasta (Antikainen 1993, 112).

Radikaali kasvatus tähtää ihmisten yhteiskunnallisen ja poliittisen toimintakyvyn lisäämiseen (Suoranta 2005, 16). Radikaali kasvatus nostaa esiin kasvatuksen poliittisuuden ja sen, ettei poliittisuutta voi paeta. Radikaali kasvatus erittelee politisoidun kasvatuksen sekä poliittisen kasvatuksen. Poliittisella kasvatuksella tarkoitetaan sen ymmärtämistä, ettei kasvatusta voi erottaa taloudellisista, sosiaalisista tai kulttuurisista ympäristöistä. Kasvatuksen tavoitteena on lisätä ihmisten yhteiskunnallista ja poliittista toimintakykyä, kriittistä tiedostamista, ja ymmärrystä kuinka valtaa käytetään, kuinka valta näkyy ja toimii meissä ja meidän kautta. (Suoranta 2005, 19-20.) Brasiliassa syntynyt vaikutusvaltainen kasvatusteoreetikko Paulo Freire (1921-1997) puhuu kriittisestä tietoisuudesta ja kasvatuksesta rakkauden ja toivon tekoina (Suoranta 2005, 38). Epätäydellisyydessäänkin ihmisellä on kykyä toimia, ja toiminta on puolestaan parhaassa tapauksessa toivon konkreettinen ilmaus (Suoranta 2005,47). "Nimeämällä maailman voi tiedostaa paikkansa siinä, ottaa sen haltuun ja muuttaa sitä – ja tämä tehtävä kuuluu kaikille." (Suoranta 2005, 47).

Koulu ja kasvatus voidaan nähdä yhteiskunnallisesti kytkettyinä toimintoina, jotka uusintavat yhteiskunnallista valtaa ja näin ollen kasvatus on aina poliittisesti sidoksissa ja ideologista toimintaa (Suoranta 2005, 91).

Amerikkalainen kriittisen pedagogiikan kehittäjä Henry Giroux on laajentanut kasvatuksen määritelmää koskemaan avarasti sellaisen tilan luomista, jossa ihmiset voivat keskustella, vaihtaa informaatiota, kuunnella toisiaan ja oppia toisiltaan sekä jossa he kykenevät iloon, rakkauteen, solidaarisuuteen ja vastarintaan. Tämän optimistisen määritelmän perustava idea on, että kasvatuskontekstit ja oppiminen löytyvät koulun ulkopuolelta, jolloin koulu on vain yksi oppimisympäristö muiden joukossa. (Suoranta 2005, 100.) Giroux painottaa tietämisen arvopitoisuutta sekä sitä, että tietämisen ja opettamisen tavat ovat myös moraalisia kannanottoja, joiden takana on aina tietty maailmankatsomus (Suoranta 2012, 359). Giroux korostaa kasvatuksen liittymistä demokraattisen yhteiskunnan rakentamiseen ja että koulut ovat demokratialle oleellisia julkisia tiloja. Samoin hän painottaa ihmisten ja moniäänisyyden kunnioittamista. (Suoranta 2005, 100.)

Osallistavan kasvatuksen näkökulmasta kasvatuksen käsitteen määritelmän tullee olla laaja. Sen mukaisesti kasvatuksen tulee lisätä ihmisten mahdollisuuksia keskusteluun, oppimiseen, toisista välittämiseen, solidaarisuuteen, toivoon ja vastarintaan. (Suoranta 2005, 162). Toivon käsite tulee radikaaliin kasvatukseen juutalaisesta perinteestä, jonka mukaan on mahdollista valita tietoisesti ja realistisesti hyvä ja pahan välillä. Maailman muuttaminen yksin on kuitenkin mahdotonta, tarvitaan toinen ihminen. (Suoranta 2005, 221) Radikaalin kasvatuksen ydinsanoma on se, ettei kasvatusta tarvita vain yhteiskunnassa selviämiseen, vaan todellisen ihmisyyden edistämiseen. Ja vastustetaan sellaista pääoman valtaa, jossa ihminen on vain tuotannon ja kulutuksen materiaalia. (Suoranta 2005, 223.) Voidaankin ajatella, ettei ihmisyyden edistäminen pääty mihinkään tiettyyn aikakauteen, vaan se on elinikäisen kasvatuksen ja kasvun paikka.

Elinikäisen kasvatuksen tavoitteiden perusteluja voidaan nähdä teknologian ja yhteiskunnan nopean muutoksen, sekä rakennemuutoksen vaatimuksissa. Työvoimaa täytyy uudelleen kouluttaa uusiin tehtäviin. Elinikäisen kasvatuksen perusteita nähdään myös humanistisessa sivistyksessä. Humanistista sivistystä on esimerkiksi Raili Kauppi (Antikainen, 1993, 97) perustellut seuraavasti:

"Ihminen ei tule elämänsä aikana ihmisyyteen nähden valmiiksi." Eli olemme siis jatkuvasti tulemisen tilassa suhteessa ajatteluumme, sivistykseemme sekä ihmisyyteemme.

Kasvatusta kontrollin ja mahdollisuuksien näkökulmista tarkastellessaan Antikainen (2012, 75-76) viittaa myös kasvatussosiologian klassikkokolmikkoon Durkheim, Marx ja Weber. Antikaisen mukaan ainoastaan Weberin ajattelussa kasvatus nähdään mahdollisuuksia tarjoavana, Durkheim ja Marx sen sijaan näkevät kasvatuksen ja koulutuksen ensisijaisesti kontrollin välineinä.

Kasvatus ja kasvaminen tapahtuvat koko ihmisen eliniän ajan, oppiminen ulottuu jatkuvana kasvuprosessina koko elämänaikaan ja arki on oppimisen perusta (Suoranta 2012, 350-351, Antikainen 1993, 96). Koulu on tietyllä tavalla menettänyt oppimisen monopolin ja kasvatuksen auktoriteetin viihdeteollisuuden, informaation kasvun ja vanhempien koululle esittämien vaatimusten myötä (Suoranta 2012, 351). Girouxille kriittinen kasvatus ilman utopiaa toivosta, demokratiasta ja samanvertaisista mahdollisuuksista ihmisten kesken on mahdotonta (Suoranta 2012, 359). Missä ja miten nämä ideaalit toteutuvat tänä päivänä?

Girouxin opettajan Baldwinin pitämä puhe yhdysvaltaisille opettajiksi opiskeleville 1960 luvulla on edelleen ajankohtainen:
"Lopulta, kasvatuksen tarkoitus on luoda ihmisille kyky tarkastella maailmaa itsenäisesti, tehdä itsenäisiä päätöksiä, sanoa itselleen tämän olevan mustaa tai tuon valkoista, päättää itsenäisesti onko Jumala olemassa vai ei. Kysymällä kysymyksiä ja opettelemalla elämään niiden kanssa yksilö saavuttaa identiteettinsä. Mutta mikään yhteiskunta ei halua tuollaisia ihmisiä. Mitä yhteiskunnat todella haluavat, ideaalisesti, on kansalainen, joka vain tottelee sääntöjä. Jos yhteiskunta tässä onnistuu, se häviää. Jokainen, joka pitää itseään vastuullisena, on velvollinen tarkastelemaan yhteiskuntaa, yrittämään sen muuttamista ja taistelemaan siitä − millä hinnalla hyvänsä. Tämä on yhteiskunnan ainoa mahdollisuus. Se on ainoa keino yhteiskunnan muuttamiseen." (Suoranta 2012, 360)

Kasvatukseen liittyy paradokseja ja ristiriitoja. Tämä edellä oleva esimerkki tuo esiin yhden keskeisen ristiriidan. Jos yhteiskunnan ylläpitämän ja järjestämän koulutuksen tavoitteena on kasvattaa kriittisiä ja valtaa kyseenalaistavia kansalaisia ja se onnistuu tässä, niin yhteiskunnan sen hetkinen järjestys on vaarassa.

Kasvatuksen ja kasvatuksen ihmiskuvan voidaan nähdä pohjautuvan kahteen eri lähtökohtaan. Ensiksi siihen kuulu kulloinen ymmärrys ihmisen luonteesta, minkälaiseksi ihmisen olemus nähdään ja se, miten ihminen on tai ei ole yhteydessä yhteiskunnallisiinprosesseihin, tapoihin ja itseensä. Toiseksi kasvatus sisältää mielikuvia paremmasta tulevaisuudesta ja ajatuksia niistä edellytyksistä, tai keinoista, miten haluttu tulevaisuus voisi toteutua. (Koski 2011, 159.) Minkälainen käsitys meillä, nyt 2020-luvulla elävillä, on ihmisyydestä ja minkälaista parempaa tulevaisuutta me visualisoimme?

KOULUTUS

Tässä luvussa käsitelen koulutusta, sitä, mitä koulutuksella tarkoitetaan ja mitä sillä tavoitellaan.

Koulutuksella viitataan usein siihen kasvatuksen alueeseen, joka on organisoitua ja institutionalisoitua. Toisaalta voidaan puhua myös koulutusjärjestelmästä, joka käsittää eriasteiset koulutusinstituutiot esiopetuksesta korkeakouluun. Koulutus linkittyy vahvasti yhteiskuntien ja kulttuurien kehitykseen, teollistumiseen, kaupungistumiseen, talouteen ja työvoimapolitiikkaan. Koulutuksen historia liittyy yhteiskuntien historiaan. Koulutuksen yhteiskunnallisten tehtävien lisäksi koulutusta voidaan tarkastella yksilön kouluttautumisen tarpeen, elinikäisen koulutuksen tai vallan ja valtauttamisen näkökulmista. Koulutusta voidaan tarkastella myös sukupolvien näkökulmasta sekä erilaisten selitysteorioiden kautta. Seuraavassa nostan näitä teemoja esiin eri alaluvuissa. Kuten kasvatuksesta, myös näistä kaikista koulutukseen liittyvistä teemoista on olemassa runsaasti tutkimuksia ja kirjallisuutta. Tässä luvussa – kuten edellisessäkään - ei ole tavoitteena syväsukellus, vaan pyrkimys valottaa erilaisia näkökulmia koulutukseen.

Ihmiset asettuvat yhteiskuntaan erilaisten taustojen, intressien, sosiaalisten erojen, maantieteellisen sijainnin, koulutustaustojen tai työpositioiden mukaisesti. Koulutus on yksi keskeisimmästä yhteiskunnan kerrostumista ja ihmisen asemaa säätelevistä tekijöistä. Koulutus säätelee sosiaalista liikkuvuutta niin sukupolvien välillä kuin yksilön elämänhistoriassa ja näin ollen liittyy kiinteästi yhteiskuntakerrostumien tuottamiseen ja on yksilöiden ja perheiden kannalta elintärkeä asia. (Takala 1995b, 93.)

Kuten kasvatus, niin myös koulutus voidaan nähdä sosiaalistumisena. Durkheim tarkastelee koulutusta sosiaalistumisena tiettyihin arvoihin ja normeihin, ei niinkään sosialisaatioon sisältyvien tietojen ja taitojen välittämisenä (Takala 1995a, 19). Durkheimille koulutus oli suunniteltua sosiaalistamista (Antikainen,

Rinne & Koski 2013, 431). Mitkä ovat ne arvot ja normit, joihin tämän päivän Suomessa koulutuksen kautta sosiaalistutaan?

1970 -luvulla kasvatussosiologian johtohahmo Michael Young esitti, että sosiologit ovat unohtaneet sen, että koulutus ei ole mekaanista tuotannollista toimintaa, vaan se on tiedon valikointia ja organisointia jonakin historiallisena ajankohtana (Aittola 2012, 19). Ranskalaiselle sosiologille Bourdieulle koulutus on yksi yhteiskunnan kentistä tai areenoista, joilla tavoitellaan muun muassa rahaa, valtaa, työtä tai elämäntyyliä. Koulutus on kenttä, jossa tavoitellaan erityisesti älyllistä erottautumista. (Antikainen 1993, 47.) Voidaankin sano, että koulutus on yhtä aikaa sekä näkymätöntä että konkreettista pääomaa (Gordon 2005, 269).

Koulutus on myös vahvasti ikäkausiin sidottua. Suomessa esikoulu aloitetaan kuusivuotiaana ja peruskoulu kestää seitsemännestä ikävuodesta noin 16-vuotiaaksi. Koulunkäynti jatkuu yleensä oppivelvollisuuden ja peruskoulun jälkeen toisen asteen koulutuksessa. Vuonna 2004 toisen asteen koulutuksessa jatkoi 95 prosenttia seitsemäntoistavuotiaista (Antikainen, Rinne & Koski 2013, 338).

Suomessa on parhaillaan käynnistynyt toisen asteen uudistus, joka tarkoittaa sitä, että toisen asteen − lukio ja ammatillinen − koulutus tulee laajennetun oppivelvollisuuden piiriin ja samalla maksuttomaksi. Oppivelvollisuus päättyi aiemmin peruskoulun suorittamiseen. Elokuun 2021 ja uuden oppivelvollisuuslain jälkeen oppivelvollisuus päättyy sitten, kun oppivelvollinen täyttää 18 vuotta, tai on suorittanut ylioppilastutkinnon tai ammatillisessa koulutuksessa annetun tutkinnon (Oppivelvollisuuslaki 2020). Tämän oppivelvollisuuden laajentamisen tarkoitus on nostaa koulutus- ja osaamistasoa kaikilla koulutusasteilla, ja että jokainen nuori suorittaa toisen asteen koulutuksen.

Vuoden 2020 loppuun mennessä 74 prosenttia 15 vuotta täyttäneestä väestöstä oli suorittanut tutkinnon perusasteen jälkeen ja tutkinnon suorittaneiden osuus väestöstä on moninkertaistunut 50 vuodessa. Myös 30-39 -vuotiaiden perusasteen jälkeinen koulutusura on pidentynyt 3,1 vuodella viidenkymmenen vuoden aikana. Korkea-asteen tutkinnon suorittaneiden osuus ylitti pelkän perusasteen suorittaneiden osuuden vuonna 2015 (Suomen virallinen tilasto (SVT): Väestön koulutusrakenne.)

Antikaisen (1993, 34) esittelemän amerikkalaisen sosiologin Wallerin mukaan koulua uudistettaessa olisi otettava huomioon kokonaistilanne ja se, että koulutus pyrkii kokonaispersoonallisuuden kehittämiseen. Koulutuksen pyrkimys on – tai ainakin joskus on ollut - kokonaispersoonallisuuden kehittäminen. Miten tällä hetkellä? Opetus- ja kulttuuriministeriön nettisivulla todetaan yleissivistävän koulutuksen linjauksesta "Yleissivistävän koulutuksen lähtökohtana on taata jokaiselle lapselle, oppilaalle ja opiskelijalle syntyperän, taustan ja varallisuuden rajoittamatta yhtäläiset oikeudet sivistykseen, laadukkaaseen maksuttomaan koulutukseen sekä täysivaltaisen kansalaisuuden edellytyksiin" (OKM: Yleissivistävä koulutus) Yleissivistäväksi koulutukseksi luetaan esi- ja perusopetus, lukio sekä vapaan sivistystyön oppilaitokset. Ammatillisen koulutuksen linjauksessa todetaan että "Ammatillista koulutusta kehitetään voimassa olevan hallitusohjelman mukaisesti." (OKM: Ammatillinen koulutus). Korkeakoulutuksen linjauksessa todetaan että opetus- ja kulttuuriministeriö edistää hallituksen tiedepoliittisia tavoitteita ja että "Pitkäjänteinen korkeakoulu- ja tiedepolitiikkatyö vahvistaa Suomen korkeakoulu-, tutkimus- ja innovaatiojärjestelmää. Korkeakouluja kehitetään kansainvälisesti kilpailukykyisenä kokonaisuutena [...]. (OKM: Korkeakoulutus ja tiede). Näissä koulutuksen linjauksissa ainoastaan yleissivistävän koulutuksen linjausten yhteydessä puhutaan yksilöstä tai opiskelijasta, muiden koulutusten linjauksissa nousee esiin erityisesti koulutuspolitiikkaa.

Koulutusta voidaan tarkastelle myös osana yhteiskunnassa vallitsevien erilaisten, keskenään kilpailevien ja toisistaan erottumaan pyrkivien ryhmien välisten ristiriitojen värittämää kenttää. Näin koulutuspolitiikka ja koulutuksen käytäntö on tulos eri ryhmien ristiriitaisista pyrkimyksistä. (Takala 1995a, 22-23).

Toisaalta yhdysvaltalainen tutkija Jecks esitti 70-luvulla ajatuksen siitä, että koulutusta koskevassa päätöksenteossa olisi pyrittävä siihen, että koulussa oleminen olisi mukavaa, eikä niinkään koulutuksen tuottamiin vaikutuksiin ulkopuoliseen yhteiskuntaan (Takala 1995b, 56). Ajatus siitä, että koulutuksen tulisi olla mukavaa, kuulostaa toisaalta tututulta, mutta samalla kuitenkin jotenkin vieraalta. Ja miksi näin? Asettuuko mukavuus tehokkuusajattelun ja suorittamisen näkökulmasta tavoitteettomaksi ja ihmistä älyllisesti laiskistuttavaksi tavoitteeksi?

FRAGMENTTEJA KOULUTUKSEN HISTORIASTA

"Koulutus on syntyhetkistään lähtien ollut yhteydessä yhteiskuntakerrostumiin ja niiden välisiin suhteisiin. Alun perin se syntyi antiikin Kreikassa yläluokan poikien vapaan ajan harrasteeksi. Se oli tapa kuluttaa aikaa." (Takala 1995b, 83.)

Euroopassa keskiajalla pappien ja virkamiesten johtamat katedraalikoulut toivat oppineita syrjäseudun luostareista kaupunkeihin ja virittivät intellektuaalista elämää ja kiinnostusta koulutukseen (Saari 2021, 77-78). Kirkko vastasi pitkälti 1800 luvun loppuun asti alemmista kouluasteista, vaikka ne muodollisesti olivatkin siirtyneet jo valtion alaisuuteen 1500-luvun aikana. 1700-luvulla virisi Euroopassa laaja kiinnostus kasvatuskysymyksiin sekä opettajuuteen. (Tähtinen 2012, 239.)

Ensimmäiset yliopistot perustettiin keskiajalla Bolognaan, Oxfordiin ja Pariisiin. Yliopistot muodostuivat itsenäisiksi, erioikeuksia nauttiviksi, taloudellisista ja poliittisista rakenteista riippumattomiksi instituutioiksi. (Saari 2021, 77-78.) Suomessa Turun akatemiaa hahmoteltiin 1630-luvun loppupuolella, aluksi pappikoulutuksen ollessa keskiössä. 1700-luvulla, valistuksen aikana, myös luonnontieteet ja käytännön alat saivat enemmän tilaa. Yliopiston siirtyessä 1823 Helsinkiin olivat maalliset alat saaneet jo enemmän jalansijaa. (Tähtinen 2012, 240.)

Suomen ensimmäinen opettajakoulutuslaitoksen perusti Jyväskylään pappi Uno Gygnaeus vuonna 1863. Koulutuksessa painotettiin kristillistä ja isänmaallista uhrautumista sekä toimimista köyhyyttä ja hätää kärsivien parissa ja heidän hyväksi. (Saari 2021, 67.) Tulevien kansakoulunopettajien tehtävänä ei ollut kouluttaa eliittiä vaan pikemminkin toimia kansan parissa paimenena kristinuskon viitoittamalla tiellä. Valistuksen aikakaudesta alkaen kasvatukseen liitettiin yhä enemmän sosiaalisia tavoitteita. Ensin sivistyneistön ja sittemmin valtiovallan huomio kiinnittyi yhä enemmän vähäosaisten elinolosuhteisiin. Kotikasvatuksen, alkeisopetuksen, mutta myös yliopistokasvatuksen nähtiin olevan keino kitkeä barbaarisuutta ja sivistymättömyyttä kansan ja virkamiesten parista. (Tähtinen 2012, 239.)

Kansanopetusta on Suomessa annettu alusta lähtien sekä tytöille että pojille, osittain yhdessä. Sen sijaan oppikoulu oli aluksi suunnattu vain pojille (Gordon & Lahelma 1995, 159). Yliopisto- ja oppikoululaitos syntyi saksaa ja ruotsia puhuvan eliitin, suomalaisen säätyläistön poikien, koulutieksi. Näin varmistettiin yläluokan jälkeläisten pääsy isien asemiin yhteiskunnan huipulle. Suomenkieliset, tytöt, maaseudun asukkaat sekä alemman sosiaalisen aseman omaavat pääsivät koulutuksen piiriin vasta vuosisatoja myöhemmin ja laajemmin ja pikkuhiljaa vasta 1900 -luvun alusta (Takala 1995b, 83). 1800 -luvulla alettiin vaatia tyttöjen koulutusmahdollisuuksien parantamista ja vuonna 1889 perustettiin ensimmäinen yhteiskoulu. Vuonna 1901 naiset saivat oikeuden yliopisto-opiskeluun. (Gordon & Lahelma 1995, 159.)

Yliopistolaitoksen syntymisen myötä myös käsitys tiedosta muuttui. Aiemmin opettajan persoonaan ja dialogiin opiskelijoiden kanssa perustuva tieto käsitettiin nyt arvioitavana, siirrettävänä ja tavaramuotoisena – eli jonakin, jota voitiin omaksua ja tätä omaksumista voitiin arvioida ja mitata. (Saari 2021, 78-79.)

Koulutus ja sivistys olivat Suomessa keskeisessä roolissa kansakunnan itsenäistymisessä sekä paikan löytämisessä muiden kansakuntien joukossa.

Suomen vahvuudeksi nähtiin sivistys ja usko koulutukseen. (Kauppila & Suoranta 2005, 69.) Tärkeässä asemassa ovat olleet Snellmanin kansallishenkeä ylläpitävät kirjoitukset ja hänen näkemyksensä siitä, että kansakunnan rakentaminen on pohjimmiltaan sivistyshanke (Koski 2011, 187).

Suomalaiselle rakennemuutokselle oli ominaista se, että Suomi muuttui vanhasta agraarisesta yhteiskunnasta samanaikaisesti niin teollisuus- kuin myös palveluyhteiskunnaksi. Tämä tapahtui moniin maihin verrattuna melko nopeasti ja melko myöhään. (Antikainen, Rinne & Koski 2013, 104). Koulutuksen tarjonta lisääntyi huimasti 1900-luvulla. Samalla se on yksi niistä suurista muutoksista, joita on tapahtunut elämän ulkoisissa ehdoissa. Koulutuksen kasvu on merkinnyt myös kulttuurin ja elämänkulun yhdenmukaistumista. (Kauppila & Suoranta 2005, 67.) Sodan jälkeinen jälleenrakennuksen sukupolvi tahtoi tehdä töitä sen eteen, että lasten mahdollisuudet koulutukseen parantuisivat. Koulutus näyttäytyi mahdollisuutena kohota sosiaalisessa arvoasteikossa ylöspäin. Koulutuksen ajateltiin tuovan uudelle sukupolvelle valkokaulustyötä ja fyysinen ja raskas raadanta kuviteltiin voitavan jättää menneisyyteen. Sotien jälkeen maata rakennettiin pitkälle kouluttamattoman tai korkeintaan kansakoulun käyneiden voimin. 1960-luvulta lähtien pyrittiin tarjoamaa jälkeläisille vähintäänkin ammatillinen koulutus tai sitten polku oppikouluihin. (Antikainen, Rinne & Koski 2013, 105.)

Usko koulutukseen oli sotien jälkeen niin Suomessa, kuin muuallakin maailmassa, korkeimmillaan ja koulutuksen uskottiin takaavan parhaimmat elämänehdot tuleville sukupolville. Kouluttautuneita uskottiin tarvittavan rajattomasti ja koulutuksen uskottiin takaavan sodassa kärsineen kansakunnan uusi nouseminen. Kouluun ja koulutukseen investoitiin sekä yhteiskunnan että yksittäisten perheiden tasolla. (Antikainen, Rinne & Koski 2013, 106.) Koulutukseen hakeutuminen mahdollistui erilaisista taustoista tuleville. 1990-luvulla Suomessa keski- ja korkea-asteenkoulutus oli hajautettu maantieteellisesti, opiskelijamaksut oli poistettu, opintotuki ja muut tukitoimet oli järjestetty moneen muuhun maahan verrattuna hyvin kattavasti (Takala 1995b, 95). 2000-luvulla on korkeakouluja ohjattu keskittymään ja profiloitumaan. Korkeakoulujen lukukausimaksuista on aika ajoin keskusteltu, mutta toistaiseksi Suomessa ei peritä lukukausimaksuja Suomen kansalaisilta.

Ammatillisen koulutuksen kehittyminen Suomessa alkoi 1900 -luvun alussa, mutta käynnistyi vasta toisen maailmansodan jälkeen laajamittaisemmin. Koulutuspolitiikan tavoitteena on ollut 1970-luvulta lähtien kaikkien kouluttaminen myös oppivelvollisuuden jälkeen. Keskiasteen ammatillinen koulutus on Suomessa laajentunut, pidentynyt sekä monipuolistunut. Suomessa peruskoulun jälkeinen koulutus jakaantuu vahvasti ammatilliseen koulutukseen ja lukiokoulutukseen. 1990-luvulla tosin kehiteltiin ajatusta koko ikäluokan nuorisokoulusta, jolla olisi pyritty häivyttämään ammatillisen ja yleissivistävän koulutuksen muuria. Nykyinen kaksoistutkinto voidaan nähdä tämän nuorisokoulun idean osittaisena toteutumisena. (Antikainen, Rinne & Koski 2013, 110, 115.)

2000 -luvulla koulutus on Suomessa nostettu kansallisen innovaatiojärjestelmän yhdeksi keskeiseksi tekijäksi teknologian, tutkimuksen, rahoituksen ja hallinnon ohella. Yliopistot ja ammattikorkeakoulut nähdään alueidensa innovaatiojärjestelminä. "Tosin esimerkiksi yliopistoille jää innovaatiojärjestelmään liittyvän tutkimustehtävän ja ammattilaisten koulutustehtävän ohella myös perinteinen akateeminen tutkimus- ja opetustehtävä." (Antikainen, Rinne & Koski 2013, 371). Informaatioyhteiskunnassa verkostoituminen on keskeistä, ja myös koulut, oppilaitokset ja yliopistot solmivat kumppanuuksia keskenään sekä muiden toimijoiden kanssa. Koulutus on yhä riippuvaisempi työelämän ja kansalaisyhteiskunnan kehityksestä. Dynaamisia ja verkottuneita asiantuntijoita kouluttavat opettajat muuttuvat valmentajiksi, mentoreiksi ja tuutoreiksi (Antikainen, Rinne & Koski 2013, 372). Erilaiset yksilölliset koulutuspolut, valintojen lukuisat mahdollisuudet, monimuotoiset suorittamistavat ja nyt korona epidemian myötä yleistynyt etäopetus ovat muuttaneet koulutuksen järjestämistä radikaalisti.

Yksi tulevaisuuden koulutusta koskeva kysymys on myös se, miten koulutus vastaa globaaleihin haasteisiin, lisääntyvään etniseen ja kulttuuriseen moninaisuuteen sekä ihmisen ja digi- ja älylaitteiden väliseen suhteeseen?

KOULUTUKSEN YHTEISKUNNALLISIA TEHTÄVIÄ

Koulutuksella ja koululla instituutiona voidaan nähdä olevan talouteen liittyvä kvalifikaatiotehtävä, politiikkaan ja sosiaaliseen kerrostuneisuuteen liittyvä valikointitehtävä sekä kulttuuriin ja ideologiaan liittyvä sosialisaatiotehtävä (Antikainen 1988, 19).

Yhdysvaltalaisen sosiologin Talcott Parsonsin (1902 – 1979) 1950 -luvulla kirjoitettujen kasvatusta koskevien pohdintojen mukaan koululaitos on yhteiskunnan tärkein rooleihin sosiaalistava instituutio, jossa omaksutaan sekä rooleihin sitoutuminen että rooleissa tarvittava suorituskyky (Antikainen 1993, 29). Koulu on ollut – ja on edelleen – merkittävä yhteiskunnallinen instituutio. Yhdysvaltalainen kulttuurikriitikko ja kriittisen pedagogiikan perustaja Henry A. Giroux (x-x) on kriittisen kasvatustieteen nykyedustajia, joka on analysoinut koulutuksen ja kasvatuksen merkitystä nykykulttuurissa. Hän painottaa koulutuksen olevan sidoksissa poliittiseen toimintaan. Koulun ja yhteiskuntarakenteen suhde ei kuitenkaan ole suoraviivainen. Girouxin mukaan sekä kotona tapahtuvan sosialisaation, että koulujärjestelmän suhde yhteiskunnallisiin rakennetekijöihin on aina vuorovaikutuksellinen ja muuttuu historiallisesti. Tieto on aina monitahoisten sosiaalisten merkityksenantoprosessien välittämää. Vaikka yhteiskunnalliset puitteet antavat kokemukselle – esimerkiksi koulutuksessa – puitteet, ne eivät määrää ennalta kokemuksen laatua. (Suoranta 2012, 335-342.)

1800- ja 1900 -lukujen vaihteessa vaikuttaneen ranskalaisen Émile Durkheimin merkitys kasvatussosiologina on merkittävä (Takala 1995a, 18). Durkheim painottaa funktionalismin käsityksiä koulutuksen yhteiskunnallisista tehtävistä ja yhteiskunnan toimivuutta edistävästä vaikutuksesta. Koulutuksen yhteiskunnallisina tehtävinä pidettiin ensinnäkin ammatissa vaadittavien tietojen ja taitojen oppimista, toiseksi sosiaalisena koulutukseen valikoitumista, ammattiin oppimista sekä sitä kautta yhteiskunnalliseen kerrostuneisuuteen sijoittumista sekä kolmanneksi valitseviin arvoihin, normeihin ja oikeuksiin ja velvollisuuksiin sosiaalistumista. (Antikainen 1993, 38-39.)

Koulutuksen voimakas ekspansio ja lujittuminen yhteiskunnallisesti yhä tärkeämmäksi on osa laajempaa yhteiskunnallista kehitystä. Terveys- ja sosiaalipalvelujen lisäksi koulutus on keskeinen palvelusektori. (Takala 1995b, 75.)

Koulutuksen yhteiskunnalliset tehtävät on perinteisesti jaettu kvalifiointiin, valikointiin, integrointiin sekä säilyttämiseen (Takala 1995b, 67, Antikainen, Rinne & Koski 2021, 154-178). Seuraavaksi käyn lyhyesti läpi näitä neljää eri tehtävää.

Koulutuksen kvalifiointi tehtävä on tietojen, taitojen ja tutkintojen tuottaminen. Tähän liittyy myös professioideologia eli asiantuntijuuteen liittyvän erityisen ideologian ylläpitäminen. Tämä tehtävä kietoutuu nykyisen meritokraattisen yhteiskunnan peruspilareihin. Eli yhtäältä uskoon koulutustutkintojen objektiivisuudesta niiden määrittäessä ihmisten kyvykkyyttä, ja toisaalta uskoon koulutuksen voimasta lisätä tasapuolisesti sekä yksilöiden että koko yhteiskunnan hyvinvointia. (Takala 1995b, 69). Koulutus nähdään inhimillisen pääoman sekä kansakunnan vaurauden kasvattajana (Antikainen, Rinne & Koski 2021, 156). Toisaalta koulutusjärjestelmän tuottamien kvalifikaatioiden rinnalle on rakentunut vaihtoehtoisia tapoja hankkia tietoja ja taitoja. Tulevaisuudessa tärkeiksi kvalifikaatioiksi ovatkin muotoutumassa taidot suorittaa valintoja, korjata tehtyjä epäonnistuneita valintoja ja löytää niin omiin ominaisuuksiin kuin yhteiskunnan rakenteisiin kytkeytyviä erilaisia selviytymisstrategioita. (Antikainen, Rinne & Koski 2021, 164-165.)

Toista koulutuksen tehtävää, *valikointia*, voidaan kuvata jättimäisenä siivilänä. Koulutusjärjestelmän voidaan ajatella muodostavan eräänlaisen pidennetyn persoonallisuustestin, jonka läpäisseet voidaan sijoittaa enemmän tai vähemmän osuvasti yhteiskunnan rakenteissa avautuville (hierarkisille) paikoille. Jo 90 -luvulla tuotiin esiin se, miten koulutuksen on tuotettava valikointitehtävän mukaisesti sellaisia ihmistyyppejä, jotka ovat joustavasti uudelleen siirrettävissä ja jotka ovat valmiita uudelleen-, täydennys- tai jatkokouluttautumaan. Toteutuakseen tämä vaatii ihmisiin juurrutettavaa koulutus- ja liikkumishalukkuutta. (Takala 1995b, 70-71.) Aikaisemmin koulutuksen tuottavat valikoinnit olivat melko kategorisia. Tulevaisuudessa koulutus tulee edelleen valikoimaan ja sijoittamaan ihmisiä talouden, kulttuurin ja sosiaalisen elämän kentille, mutta nuo sijoitukset eivät tule olemaan muuttumattomia tai pysyviä (Antikainen, Rinne & Koski 2021, 170.)

Koulutuksen kolmas tehtävä, *integrointi*, on yhdenmukaistaa käytöstottumuksia ja yhdistää kansakuntaa. Koulua tai koulutusta pidetään yleisesti hyvänä, ja yksilön koulutuksessa kohtaamia ongelmia pidetään yksilön ongelmina. Koulua ei pidetä paikkana, joka uusintaa yhteiskunnallista työn- ja vallanjakoa ja jossa jokainen todistus, numero ja muu palaute luokittelee ihmisiä. (Takala 1995b, 72-73.) Keskeinen integroinnin tehtävä on yhteiskunnan vakauden ja eheyden säilyttäminen, yhteiskunnallisten konfliktien häivyttäminen sekä jatkuvuuden turvaaminen (Antikainen, Rinne & Koski 2021, 156, 174).

Neljänneksi koulutuksen tarkastelu *varastoinnin tai säilyttämisen näkökulmasta* tuo esiin sen, miten koulusta on tullut yhä pidemmän iän varasto koulutuksen pidentyessä, mutta myös työttömyyden hoitokeino (Takala 1995b, 74). Aikuisten ammatillisella koulutuksella kuvitellaan voitavan liikuttaa väestöä työttömyysalueilta paremman työllisyyden alueille (Takala 1995b, 99). Koulutus säilöntäpaikkana näyttäytyy suurena odotushuoneena, jossa odotetaan hetkeä, milloin yhteiskunnan instituutiot tarvitsevat "varastoituja" ihmisiä (Antikainen, Rinne & Koski 2021, 157). Varastoinnin avulla lapsia ja nuoria on pyritty pitämään poissa pahanteosta ja kaduilta, nykypäivänä koulutuksen varastointitehtävää voidaan nähdä sovellettavan yhtenä työttömyyden hoitokeinona. Toisaalta koulutus on muuttamassa muotoaan ja kytkeytymässä enemmän kuluttamiseen sekä perinteisten koulutusinstituutioiden ulkopuolelle. (Antikainen, Rinne & Koski 2021, 177-178.)

Koulusta voidaan pitää keskeisenä aikuistumisen instituutiona ja sitä voidaan kuvata mahdollisuuksien ja valintojen – myös riskien – ympäristöksi, jossa nuoren yhteiskuntaan integroituminen – tai syrjäytyminen – tapahtuu (Komonen 2005, 133). Kasvatus- ja koulutusinstituutioissa osallisuuden kokemus, ryhmään tai yhteisöön kuulumisen tunne ja se, että jokaisella on mahdollisuus vaikuttaa toimintaan ja päätöksentekoon, on ensiarvoisen tärkeää. Yksi koulutuksen tehtävistä onkin osallisuuden vahvistaminen.

SELITYSTEORIOITA

Koulutusta ja sen syntyä voidaan kasvatussosiologisesti tarkastella seuraavien selitysteorioiden näkökulmasta: funktionaalinen, modernisaatioteoreettinen, kontrolliteoreettinen sekä statuskilpailuperäinen selitysmalli (Antikainen, Rinne & Koski 2013, 69).

Funktionaalisessa selitysmallissa erotetaan tuotannon (production) ja uusintamisen (reproduction) kentät ja koulutuksen asema nähdään keskeisenä sukupolvien uusintamisessa. Funktionaalisessa ajattelussa keskeinen kysymys on se, millaisen representaation koulutus välittää siitä maailmasta, jonka jäseniksi opiskelijat ovat kasvamassa ja minkälaista kansalaisuutta koulutuksella uusinnetaan. Funktionaalisesta näkökulmasta on keskeistä kysyä myös, miten koulutuksessa esitetään kansalaisvelvoitteet, niin että ne ovat uusinnettavissa ja uppoavat uusien sukupolvien ominaisuuksiksi ja eteenpäin kuljettaviksi? (Antikainen, Rinne & Koski 2013, 71-75). Funktionaalinen selitysmalli tarkastelee erityisesti koulutuksen ja yhteiskunnallisen työnjaon välistä suhdetta.

Modernisaatioteoreettinen selitysmalli näkee sekä koulun että valtion tehtävät samankaltaisina samanlaisuutta ja yhdenmukaisuutta edistävinä ja samanaikaisesti epäkelvollisesta ja kaoottisesta pois pyrkivinä. Modernisaatio voidaan nähdä ajattelutapana, joka korostaa edistystä sekä luottaa tieteen ja tekniikan hyödyllisyyteen ja näkee toiminnallisuuden menestyksen perustana (Antikainen, Rinne & Koski 2013, 77). Isojen joukkojen massakoulutukseen ja sen näkemisenä "moderninkansalaisen rituaalisen muodostamisen paikkana" voidaan nähdä liittyvän seuraavia ominaispiirteitä: koulutuksen universaalisuus, koulutuksen egalitaarisuus, koulutuksen standardoiminen sekä koulutuksen individualismi. Koulutus liittyy vahvasti myös kansallisvaltion, kansakunnan ja kansalaisen muodostumiseen. Massakoulutusta voidaan pitää maailmanlaajuisena instituutiona, joka määrää ja järjestää ihmisen elämää ja käytännön toimintaa (Antikainen, Rinne & Koski 2013, 81-83). Koulutuksesta on tullut yksi keskeinen – lähes kaikkien - elämää määrittävä ja jäsentävä tekijä.

Koulutusta sosiaalisen kontrollin ja symbolisen vallankäytön paikkana ovat erityisesti Pierre Bourdieu ja Basil Bernstein tarkastelleet omissa tutkimuksissaan. Bourdieu hahmottaa kasvatus- ja koulutusjärjestelmän instituutioiden ja käytäntöjen kokonaisuutena, joka toimii hallitsevien yhteiskunnallisten valtasuhteiden uusintamiseksi ja oikeuttamiseksi legitimoimalla ja uusintamalla hallitsevaa kulttuuria. Kuten muut instituutiot myös koulutus harjoittaa sosiaalista kontrollia erilaisten valintojen ja poissulkemisten kautta. Sosiaalista kontrollia tarvitaan sosiaalisten ongelmien ehkäisemiseen. Tästä näkökulmasta koulua ja koulutusta voidaan nähdä myös varastoimisena (pois kaduilta maleksimasta ja pahaa tekemästä) sekä itsekurillisen työläisen synnyttäjänä. Tämä koulutusta sosiaalisen kontrollin ja varastoimisen näkökulmasta tarkasteleva selitysmalli on varsinkin perusopetuksen syntyvaiheiden ymmärtämisen kannalta hyvin perusteltu (Antikainen, Rinne & Koski 2013, 84-86, 90). Koulutuksen myötä opitaan myöhemmin työelämässä ja muualla yhteiskunnassa tarvittavaa vastuullisuutta, kurinalaisuutta, ohjeiden vastaanottamisen ja tehtävien toteuttamisen taitoja sekä moraalia.

Koulutuksen näkeminen statuskilpailujen areenana soveltuu sekä koulutuksen syntymisen että sen laajenemisen selitysmalliksi. Tämä selitysmalli perustuu weberiläiseen näkemykseen koulutuksesta ja tutkinnoista ihmisten, ihmisryhmien ja eri ammattikuntien välisenä statuskilpailun areenana. Koulutuksen voidaan nähdä yhteiskunnallisesti lajittelevan ihmisiä erilaisiin sosiaalisiin ja kulttuurisiin kerroksiin. (Antikainen, Rinne & Koski 2013, 90.)

Monet koulutustaistelut paljastuvat kamppailuksi muodollisista koulutustutkinnoista ja niiden luomasta statuksesta. Tässä kamppailussa ei niinkään ole kysymys osaamisesta, asiantuntijuudesta, ammattitaidosta, tietotaidoista tai moraalisesta toiminnasta vaan statuksen korottamisesta. (Antikainen, Rinne & Koski 2013, 99.) Erilaiset ammattikunnat tai -ryhmittymät pyrkivät erottautumaan ja nostamaan omaa asemaansa erilaisten pääsyvaatimusten, tutkintojen ja arvostusten kautta. Statuksen nostaminen ei välttämättä tarkoita asiantuntijuuden tai osaamisen nostamista vaan voi pahimmillaan johtaa "diplomitautiin", jos tärkeintä on ulkoinen merkki, todistus, ei sisältö.

KOULUTUS SUKUPOLVINÄKÖKULMASTA

Koulutusta voidaan tarkastella myös koulutussukupolvien näkökulmasta. Eri sukupolvien koulutuskokemuksiin Suomessa on vaikuttanut erityisesti kansallisen kulttuurin kehittyminen sekä taloudellinen rakennemuutos.

Sosiologi J.P Roos on elämäntapa tutkimuksessaan jaotellut neljä suomalaista sukupolvea, jotka hän on nimennyt keskeisten sosialisaatio kokemusten perusteella. Tutkimuksen perusteella hän on määritellyt koulutuksen tärkeyden ja merkityksen kasvun kolmanteen, sodan jälkeen syntyneeseen, suuren murroksen sukupolveen asti. Sen jälkeen hänen tutkimuksessaan nuorin ja hahmottomin, lähiön, sukupolvi alkaa kuvata koulutusta ahdistavana ja epämääräisenä kokemuksena, joka järjestää muuta elämää, eikä sillä ole myönteistä merkityssisältöä. (Antikainen 1988, 81.)

Koulutuksen ja oppimisen merkitystä suomalaisten elämässä tutkineessa, professori Antikaisen johtamassa, tutkimusprojektissa hahmoteltiin elämänhistoriallisen elämäkertametodin avulla koulutussukupolvia. Koulutuksen ja elämänkulun ydinkategorioiksi nousi ennen vuotta 1935 syntynyt niukan koulutuksen sukupolvi, joille koulutus on ihanne (ja elämä kamppailua). Koska koulutus tyypillisesti estyi tai katkesi, niin sukupolvien edustajille jäi kaipuu hankkia koulutusta ja sivistystä ja koulutuksesta muodostui – usein saavuttamaton - ihanne. Vuosina 1936 – 1945 syntyi koulutuskasvun ja eriarvoisuuden sukupolvi, joille koulutus on väline (ja työ elämän sisältö). Koulutus näyttäytyy merkittävänä välineenä uran luomiselle ja siinä etenemiselle. Vuosina 1946 – 1965 syntyneet kuuluvat koulutuskasvun ja hyvinvoinnin sukupolveen, jolle koulutus on hyödyke (ja "minä" ongelma). Vuoden 1966 jälkeen syntyneiden voidaan hahmottaa kuuluvan nuorten sukupolveen, jolle koulutus on itsestään selvyys (ja harrastukset elämänsisältö). Koulutuksen muuttuminen hyödykkeeksi ja itsestäänselvyydeksi näkyy siinä, että työmarkkinoille kelpaa vain keskiasteen tai korkeakoulutuksen saanutta työvoimaa. (Antikainen, Rinne & Koski 2013, 315-327.)

Nämä niin sanotut kokemukselliset kategoriat voidaan pelkistää vielä kolmeen koulutussukupolveen, joista ensimmäinen on noin ennen vuotta 1936 syntyneiden sodan ja niukan koulutuksen polvi. Seuraava, noin vuosina 1936-1955 syntyneiden, sukupolvi on rakennemuutoksen ja kasvavien koulutusmahdollisuuksien sukupolvi. Viimeisenä tulee noin vuoden 1955 jälkeen syntyneiden hyvinvoinnin ja monien koulutusvalintojen sukupolvi. (Antikainen, Rinne & Koski 2013, 315-327.)

Nämä kolme sukupolvea kuvaavat yleisellä tasolla sitä, miten yhteiskunnallinen ja historiallinen aika vaikuttaa koulutuksellisiin elämänpolkuihin. Nykypäivänä koulutuksen itsestäänselvyys näkyy peruskouluopetuksen mahdollisuutena ja velvollisuutena kaikille ikäluokille. Suomessa lapset syntyvät – ainakin vielä – yhteiskuntaan, joka pohjaa hyvinvointivaltio ajatteluun ja tarjoaa monenlaisia koulutusmahdollisuuksia. Mikä mahtaa olla 2020-luvulla ja sen jälkeen syntyneiden sukupolvien koulutuskokemus?

Nykyään puhutaan koulutustakuusta ja pyrkimyksenä on, että jokaista peruskoulun päättävää kohden olisi koulutuspaikkoja enemmän kuin yksi. Huoli ilman koulutus jäävistä on suuri ja Suomessa keskiasteenkoulutuksen suorittamisesta on käytännössä tulossa uusi oppivelvollisuus. Vuonna 2011 enää vajaa kolmannes yli 15-vuotiaista oli ilman perusasteen jälkeistä tutkintoa. (Antikainen, Rinne & Koski 2013, 111, 121.)

Vuonna 2020 pelkän perusasteen suorittaneita 20-29 vuotiaita oli 16 prosenttia ikäluokasta (Suomen virallinen tilasto (SVT): Väestön koulutusrakenne). Nuoret miehet ovat Suomessa nykyään matalammin koulutettuja kuin vanhempansa (Antikainen, Rinne & Koski 2013, 359). Aikaisemmin miehet ovat suorittanee naisia enemmän perusasteen jälkeistä koulutusta noin vuoteen 1987 asti. Vuodesta 1988 vuoteen 2020 mennessä naisten keskimääräinen koulutuspituus on lisääntynyt 2,1 vuodella ja miesten 1,1 vuodella. Naiset suorittivat vuonna 2020 keskimäärin 5,1 vuotta koulutusta perusasteen jälkeen, kun taas miesten vastaava luku oli 4,1. (Suomen virallinen tilasto (SVT): Väestön koulutusrakenne.)

KOULUTUS UUSINTAMISENA

Koulutusta voidaan tarkastella reproduktiona eli yhteiskunnallisena uusintamisena. Tätä näkökulmaa on myös kritisoitu siitä, että "koulutus marginaalistuu pelkäksi taloudellisten rakenteiden kalpeaksi heijastumaksi" (MacCarthy & Apple 1988, 18, Antikainen 1993, 46 mukaan). Tämän koulutuksen ja talouden yhdistävän näkökulman ohessa koulutusta on tarkasteltu myös suhteessa kansallisvaltioon ja sen poliittiseen koneistoon. Italialainen demokratiaa ja kansalaisvapautta korostava marxilaisen teorian kehittäjä Antonio Gramsci (1891 – 1937) puhuu luokkayhteiskunnasta ja vallitsevan luokan hegemoniasta ja siitä, miten kasvatus ja koulutus ovat avainasemassa hallitsevan luokan ajatusten, arvostusten ja arvojen legitimoinnissa. (Antikainen 1993, 46- 47.)

Algerialaissyntyiselle, mutta erityisesti Ranskassa vaikuttaneelle, Louis Althusserille (1918 – 1990) koulutus ja koulu oli yksi merkittävä ideologinen valtiokoneisto, joka palvelee tuotantosuhteiden uusintamista (Huttunen 2012 a, 91 ,101). Uusintamiselle tarkoitetaan yhteisön tietojen, taitojen, arvojen, osaamisen, tapojen sekä vallan- ja työnjaon uusimista tai uudelleentuottamista sukupolvelta toiselle. (Antikainen, Rinne & Koski 2021, 71). Uusintaminen edellyttää aina myös jossain määrin – edes vähän - uutta tietoa ja uusia resursseja, ja tässä piilee myös vaikuttamisen tai muutoksen mahdollisuus.

1920-luvulla syntyneet tiedonsosiologit Thomas Luckmann ja Peter Berger ovat tarkastelleet erityisesti yhteiskunnallisten rakenteiden luomista, sisäistämistä ja uusintamista. Heidän mukaansa yhteiskunnalliset rakenteet ja instituutiot eivät ole vain valmiita struktuureita, joihin yksilöiden oletetaan sopeutuvan vaan rakenteet ja instituutiot luodaan ja ulkoistetaan ihmisten keskinäisessä yhteistoiminnassa, jolloin ne muuttuvat objektiiviseksi sosiaaliseksi todellisuudeksi. Sosialisaation tehtävä puolestaan on välittää tämän objektivoituneen todellisuuden peruselementit kasvaville yksilöille. (Aittola 2012a, 57, 68.) Sosialisaation ohella kasvatus- ja koulutusinstituutioiden perustehtävä Luckmannin ja Bergerin mukaan on legitimoida vallitseva sosiaalinen struktuuri ja yhteiskunnan perusinstituutiot sekä tehdä ihmisen elämänprosessi mielekkääksi kokonaisuudeksi. (Aittola 2012, 70).

1960-luvulla koulutusta tarkasteltiin funktionalistisesta näkökulmasta teknologisen yhteiskunnan funktiona, taloudellisen kasvun ja sosiaalisen liikkuvuuden toteuttajana (Antikainen 1988, 64). Myöhemmin tätä näkökulmaa arvosteltiin deterministisenä ja että siinä ihmisten toiminta nähtiin rakenteiden määrittelemänä. Uusmarxilaisessa tutkimuksessa lähtökohtana on ihmisten oma toiminta ja tietoisuus siitä, miten he luovat kasvatuksen ja koulutuksen todellisuuden sosiaalisena todellisuutena. Ihmiset nähdään rakenteiden ja kulttuurin tuottajina, ei vain uusintajina. (Antikainen 1988, 64-65.)

Koulutussosiologian piirissä koulutuksen näkeminen suorana uusintamisen mallina kehittyi kohti näkemystä, jossa koulutus nähdään suhteellisen itsenäisenä (taloudesta ja muusta yhteiskunnasta) ja sen sijaan korostettiin vastarinnan mahdollisuuden löytymistä. Koulutusta alettiin tarkastella merkitysten ja sosiaalisten käytäntöjen tuottajana. Koulutuksen kehittämisen tavoitteena voitiin nähdä rakentaa yhteys elämismaailman (jossa tavoitteena on keskinäisen yhteisymmärryksen tavoittelu kielelliseen kanssakäymiseen perustuen) ja systeemimaailman (talous ja hallinto: raha, valta, media) välille. (Antikainen 1993, 51 – 52.)

Kasvatuksen ja koulutuksen tärkeä tehtävä on yhteiskunnan uudistaminen, kehittäminen sekä edellä käynti ja uusien ajatustapojen mahdollistaminen. Samanaikaisesti tärkeää on yhteiskunnan tai kulttuurin arvojen, normien ja tapojen siirtäminen sukupolvelta toiselle – eli tärkeiksi nähtyjen asioiden säilyttäminen ja uusintaminen.

KOULUTUKSEN EKSPANSIO, KOULUTUKSEN INFLAATIO

Koulutuksen, kansantalouden, tuottavuuden ja yksilön oman talouden väliset suhteet kietoutuvat monin tavoin yhteen. Koulutuksen kustannuksista puhutaan paljon, mutta mitä ovat koulutuksen taloudelliset hyödyt? Niitä voidaan tarkastella suhteessa yksilön tuloihin, työn tuottavuuteen tai suhteessa kansantuloon. Toisaalta koulutuspoliittisessa keskustelussa esiin tuotu ajatus siitä, että varojen käyttäminen koulutukseen tuottaa ajan mittaan hyötyä, on vanha. Takala (1995, 51) on todennut, että koulutus ei sinällään takaa talouskasvua, vaikka saattaa olla sen ehto.

Koulutusta on pidetty merkittävänä sekä yksilön että yhteiskunnan kehittymisen ja pärjäämisen edellytyksenä. Pitkään koulutus on nähty vaurastumisen perustana. Mutta onko meillä edelleen koulutususko? Vai ovatko erilaiset, ei koulutuksesta riippuvat, mahdollisuudet, kuten sijoittaminen tai mediajulkisuus tuoneet uudenlaisia tapoja ja väyliä kartuttaa omaa menestystä ja taloutta?

Koulutuksesta puhuttaessa tuodaan esiin usein myös koulutuksellinen syrjäytyminen tai koulutuksen ulkopuolelle jääminen. Koulutuksen keskeyttäminen tuotiin esille erityisesti 1990-luvulla, jolloin keskustelu sai moraalisen ja kulttuurisen jännitteen ja koulutuksen ulkopuolelle jääminen nähtiin ongelmana, riskintekijänä ja elämänhallinnan puuttumisena. Tultaessa 2000 -luvulle moraalinen jännite on vaihtunut pikemminkin keskusteluun koulutuksen suhteesta tehokkuuteen ja työvoimapolitiikkaan (Antikainen, Rinne

& Koski 2013, 328 – 329.) Koulutusta ja tutkintoja korostavassa yhteiskunnassa koulutuksen ulkopuolelle ja ilman tutkintoa jäävien työllistymismahdollisuudet kapeutuvat. Toisaalta koulutuksellinen etsintä ja koulutuksen keskeyttäminen voi olla myös rationaalinen ratkaisu ja oman koulutuspolun rakentamista. (Antikainen, Rinne & Koski 2013, 329-331.) Toisaalta myös koulutus on muuttunut 2000-luvulla lineaarisesta pirstaloituvaksi ja epälineaariseksi opiskelu- ja työskentelymalliksi, jota luonnehtii erilaiset katkokset ja koulutukselliset siirtymät (Antikainen, Rinne & Koski 2013, 334).

Jo 1995 julkaistussa teoksessa Takala pohtii koulutusinflaatiota, jossa kilpailu nousee aina vain korkeammille koulutusasteille. Yksilön tapa lisätä omia mahdollisuuksia työmarkkinoilla on hankkia enemmän koulutusta. Samalla vähemmän koulutusta hankkineiden on yhä vaikeampi menestyä kilpailussa. Eli samalla kun tietyntasoisen koulutuksen tuottama hyöty alenee, sen puutumisesta aiheutuva haitta kasvaa. (Takala 1995, 41-42.) Vuonna 2020Suomessa omia mahdollisuuksiaan työmarkkinoilla on tilastojen valossa parantanut 35 800 yliopistotutkinnon hankkinutta ja yliopistotutkintojen määrä on jatkanut kasvuaan. Edelliseen vuoteen verrattuna alempien korkeakoulututkintojen määrä kasvoi 12 prosenttia, ylempien tutkintojen määrä 14 prosenttia ja tohtorintutkintojen määrä 7 prosenttia. (Suomen virallinen tilasto (SVT): Opiskelijat ja tutkinnot a.)

Kun aikaisemmin ihmisten pääjoukko kilpaili vasta aikuisena työmarkkinoilla, niin "nykyään kaikki joutuvat jo lapsuudestaan lähtien kilpailemaan koulutusmarkkinoilla." (Takala 1995b, 77). Tämä jo 1990-luvulla näkynyt tendenssi on jatkunut. "Koulutusmarkkinoilla" on vuonna 2020 uusia opiskelijoita 3,7 prosenttia enemmän kuin edellisenä vuonna. Koulutuksen aloittaneiden määrä on kasvanut lukiokoulutuksessa 0,1 prosenttia, ammatillisessa koulutuksessa 1 prosenttia, ammattikorkeakoulutuksessa 16 prosenttia ja yliopistokoulutuksessa 13 prosenttia. Naiset ovat enemmistönä niin koulutuksen aloittajina, opiskelijoina kuin tutkinnon suorittaneina. (Suomen virallinen tilasto (SVT): Opiskelijat ja tutkinnot b.)

106

Koulutusta määrittelevät seuraavat historiallisesti melko pysyvät seikat (Takala 1995b, 76):

-   laajetessaan koulutus tuottaa yhä tihenevää ja kovenevaa kilpailua
-   koulutuksella on tapana kasautua niin yksilöiden, ihmisryhmien kuin kansakuntienkin välillä
-   koulutusportailla edetessä ura- ja asematoiveet jatkuvasti kapenevat, täsmentyvät ja korottuvat
-   alemman tason koulutustutkintojen arvo laskee ja mitätöityy
-   koulutuksen käytännön keskeisenä mekanismina toimii vallan ja kuuliaisuuden välinen vaihtosuhde

Nämä edellä mainitut, Takala jo 1990-luvulla esittämät seikat, kuulostavat hyvin tutuilta nykypäivän koulutuskeskustelussa. Kilpailu, koulutuksen kasaantuminen sekä yhä korkeampien tutkintojen edellyttäminen ja tavoitteleminen ovat koulutuskeskustelussa edelleen ajankohtaisia. Viime vuosina on keskusteltu erityisesti korkeakoulujen pääsykoeuudistuksesta ja sen luomasta paineesta lukiossa tapahtuviin ainevalintoihin sekä ylioppilastodistuksen merkityksen kasvamisesta.

Koulutus ikään kuin luo koulutustarvetta, ajatellaan, että maailma on hallittavissa koulutuksen avulla. Toisaalta parantaakseen asemiaan hierarkkisessa koulutuskoneistossa yksilön tulee kääntyä koulutusasiantuntijoiden palvelujen puoleen. Ajatellaan, että vain koulutus tekee ihmisestä pätevän, ja jos nykyinen koulutus ei siihen riitä, niin ehkä seuraava. (Takala 1995b, 78-79.) Toisaalta puhutaan koulutusekspansion katteettomista lupauksista ja uratoiveista. Koulutus luo kuvan korkean koulutuksen lupaamista hyvistä työtilaisuuksista, vaikka niitä ei kaikille riitä. (Takala 1995b, 79.) Kun yhä useammat ihmiset pyrkivät koulutusinflaatiota välttääkseen kouluttautumaan mahdollisimman korkealle, niin se puolestaan ruokkii inflaatiota ja kierre jatkuu (Takala 1995b, 81).

Väistämättä tulee mieleen Lauren Berlantin (2011) käyttämä termi julma optimismi, joka sisältää ajatuksen siitä, kova työ ja parhaansa yrittäminen palkitaan. Koulutuksen yhteydessä julma optimismi voisi tarkoittaa sitä, että vaikka koulutus ei takaa työpaikkaa, niin siitä huolimatta ihmiset pyrkivät uudestaan ja uudestaan kouluttautumalla parempaan – koska muutakaan ei ole tarjolla. Julma optimismi tarkoittaa siis sitä, että on luottavaisesti kiinnitytty johonkin, joka tuottaa tavoitellun hyvän sijaan pikemminkin kärsimystä (Palsaoja -kollektiivi 2018.) Mitkä ovat koulutuksen lupaukset 2020-luvun Suomessa?

ELINIKÄINEN OPPIMINEN

Koko elämän aikana tapahtuvan opiskelun ja koulutuksen - on sitä kutsuttu sitten vapaaksi sivistystyöksi, aikuiskoulutukseksi, elinikäiseksi oppimiseksi tai elämänlaajuiseksi oppimiseksi - voidaan ajatella lisäävän yksilötasolla sivistystä ja koulutuksellista pääomaa. Toisaalta elinikäisen oppimisen voidaan nähdä linkittyvän talouteen, kansalliseen ja kansainväliseen kilpailukykyyn ja jatkuvaan kasvuun ja suorittamiseen.

Suomessa 1800 – ja 1900 -lukujen aikana aikuisille suunnattu sivistystyö alkoi saada muotonsa kansalais- ja työväenopistoissa. Näiden toiminnoissa painotettiin eri tavoin tieteitä, taiteita, liikuntaa tai raittiutta. Sivistystyön lisäksi tavoitteena oli kontrolloida kansalaisten kristinuskollista, työväenluokkaista tai isänmaallista moraalia sekä yhteiskuntakelpoisuutta. (Saari 2021, 102.) Aikuiskoulutuksella onkin pitkä historia suhteessa sekä kansalaisyhteiskuntaan että erilaisiin sosiaalisiin liikkeisiin (Antikainen, Rinne & Koski 2013, 353).

Aikuiskoulutus on tullut myös valtiollisen politiikan kohteeksi ja elinikäinen oppiminen on nostettu koulutuspolitiikan tavoitteeksi. (Antikainen, Rinne & Koski 2013, 353.) Aikuiskoulutus tuo lisää mahdollisuuksia ja joustavuutta yksilön koulutus- ja työuralle. Kriitikoiden mielestä elinikäinen koulutuksen tavoitteena on oppiminen tuottavaksi työntekijäksi ja ahkeraksi kuluttajaksi (Antikainen, Rinne & Koski 2013, 353).

Pohjoismaisen koulutusmallin keskeisimmät perusteet ovat paitsi maksuton koulutus kaikille koulutusasteilla, niin myös elinikäisen oppimisen malli (Antikainen, Rinne & Koski 2013, 363). Aikuisena opiskelu oli alun perin harrastus ja keino lisätä omaa sivistystä. Vapaa sivistystyön ideaaliin 1950-luvulla liittyi ihmisen sisäisyys, herääminen uudenlaiseen tietoisuuteen, ihmisen henkinen itsetoteutus ja moraalinen jalostuminen (Koski 2005, 239).

Elinikäisen kasvatuksen toteuttamisen on nähty vaativan ammatillisen aikuiskoulutuksen laajentamista (Antikainen 1993, 97). Aikuiskoulutusta on tuotu 1980-luvulta lähtien yhä enemmän varsinaisen koulutusjärjestelmän osaksi – lukioilla, ammatillisilla oppilaitoksilla, ammattikorkeakouluilla ja yliopistoilla on omat aikuiskoulutussovellutukset ja -keskukset. Lisäksi aikuisena opiskellaan kansanopistoissa, työväenopistoissa, ammatillisissa aikuiskoulutuskeskuksissa, kansansivistysjärjestöissä ja erilaisissa opintokerhoissa. Voidaankin sanoa, että hyvästä ja pitkästä koulutuksesta on tullut pääsyvaatimus työmarkkinoille. (Antikainen, Rinne & Koski 2013, 120-121.) Tosin nykyään pitkäkään koulutus ei takaa työpaikkaa, vaikkakin antaa etumatkaa työnhaussa. Vuonna 2019 korkeakoulututkinnon suorittaneista lähes 90 prosenttia ja ammatillisen peruskoulun suorittaneista 70 prosenttia oli töissä vuoden 2019 lopussa. Valmistuneista tohtoreista töissä oli 85 prosenttia ja työttöminä 5 prosenttia. (Suomen virallinen tilasto (SVT): Sijoittuminen koulutuksen jälkeen.)

Vuonna 1980 aikuiskoulutukseen osallistui vuosittain noin miljoona ihmistä. 1990 -luvulla aikuiskoulutukseen osallistui jo 1,5 miljoona ihmistä. (Takala 1995b, 91.) Vuonna 2000 aikuiskoulutukseen osallistui 18-64 vuotiaasta väestöstä vähän yli puolet, eli 54 prosenttia. Tästä huippuvuodesta määrä on hieman laskenut ja vuonna 2017 aikuiskoulutukseen osallistui 18-64 vuotiaista 48 prosenttia. Suurin osa aikuiskoulutuksesta liittyi työhön tai ammattiin. Sen sijaan yleissivistävä tai harrastuksiin liittyvä koulutus laski vuosien 1990 – 2012 tasolta 14 prosenttia. (Suomen virallinen tilasto (SVT): Aikuiskoulutukseen osallistuminen.)

Jatkuvaan kouluttautumisen ideaan kiinnittyvässä suomalaisessa yhteiskunnassa koulutukseen osallistuminen on yksilölle paitsi sosiaalinen oikeus, niin myös velvollisuus (Herranen 2005, 149). Velvollisuus joustaa, paikata tiedon aukkoja, hankkia lisää kvalifikaatiota ja mukautua työmarkkinoiden tarpeisiin ja räätälöidä omaa osaamista. Samalla Herranen puhuu myös itseohjautuvuuden kääntöpuolesta – heitteille jätöstä ja itsenäiseen opiskeluun uupuneista opiskelijoista.

Aikuiskoulutukselle asetetaan laajoja tavoitteita itsensä kehittämisestä, nopeasta ja joustavasta uuden työvoiman kouluttamisesta aina aktiivisen kansalaisuuden tukemiseen. Aikuiskoulutuksella pyritään myös tasaamaan nuoruuden koulutuseroja. Rinne kutsuu näitä tavoitteita yhteiskuntautopistiseksi retoriikaksi. (Rinne 2005, 194). Vuoden 2003 hallitusohjelmassa todetaan, että "Koulutuksella edistetään sivistyksellisiä oikeuksia ja aktiivisen kansalaisuuden valmiuksia." (Rinne 2005, 195). Samaan aikaan tutkimukset osoittavat, että aikuisopiskelu kasautuu hyvin koulutetuille korkeassa sosio-ekonomisessa asemassa ja parhaassa työiässään oleville työllisille (Rinne 2005, 196).

Elinikäisen oppimisen mahdollisuus ja välttämättömyys korostuu tilanteessa, jossa yhteiskunta nähdään epävarmana ja jatkuvasti muuttuvana ja jossa yksilön selviytymismahdollisuudet kiinnittyvät hänen kykyynsä oppia jatkuvasti uusia tietoja, taitoja ja suhtautumistapoja (Antikainen, Rinne & Koski 2013, 44). Tälläkin hetkellä käytetään koulutuksen yhteydessä termejä joustava ja ketterä sekä puhutaan opintojen yksilöllisestä räätälöinnistä. Ajatellaan, että paitsi opinnot, niin myös yksilö, joustaa ja muuntautuu jatkuvasti. Psykologian alueella käytetään resilienssin käsitettä, jonka tarkoittaa psyykkistä palautumiskykyä sekä kykyä selviytyä vastoinkäynneistä. Erään, hyvin kuvaavan, määritelmä mukaan resilienssiä voi kuvata putoamista seuraavana trampoliinimaisena hyppynä ylös. Eli puhutaan todella tärkeästä selviytymiskyvystä, mutta kuinka paljon yksilöltä voidaan vaatia opiskelu- ja työelämässä jatkuvaa resilienssiä, joustavuutta ja kykyä muutoksiin?

Elinikäinen oppiminen liittyy ihmisen elämänkulun muotoutumisen ehtoihin jälkimodernissa yhteiskunnassa. Perinteiset polut lapsuudesta, nuoruuteen ja aikuisuuteen ja vakiintuneet identiteetit, sosiaaliset asemat ja työpaikat ovat monimutkaistuneet ja selkeät rajat ikäkausien ja erilaisten siirtymien välillä ovat liudentuneet. Samalla korostuvat ajatukset ihmisen elämästä projektina, jossa hän joutuu erilaisissa, muuttuvissa ja ennustamattomissa tilanteissa luomaan sosiaalista ja yksilöllistä olemistaan ja identiteettiään yhä uudelleen. (Antikainen, Rinne & Koski 2013, 44-45).

Elinikäinen ja elämänlaajuinen oppiminen on nostettu yhä useammin tärkeäksi kentäksi, jolla huolehditaan ihmisten työ- ja selviytymistaidoista koko elämänkaaren aikana. Suomalaisessa aikuiskoulutuksessa keskeinen muutos on se, että aikuisena opiskellaan yhä enemmän työn ja ammatin takia. Aikuiskoulutuksen pitkän historian valossa muutos on todella raju, sillä alun perin aikuisena on opiskeltu ensisijaisesti harrastuksena ja sivistyksen yleiseksi lisäämiseksi. Ammatillisen aikuiskoulutuksen määrä on lyhyenä ajanjaksona lähes kaksinkertaistunut. (Antikainen, Rinne % Koski 2013, 117-118). Vapaa Itsensä sivistäminen, opiskelu ajanvietteen, kiinnostusten tai uusien taitojen hankkimiseksi on yhä enemmän saanut suorittamisen piirteitä. Työmarkkinoilla odotetaan joustavia ja kehittyviä yksilöitä. Aikuiskoulutus antaa mahdollisuuden itsensä työmarkkinakelpoisena pitämiselle ja oman kehittymiskyvyn ja aktiivisuuden osoittamiselle.

Samalla kun aikuiskoulutus tai itsekasvatus on muuttunut yhä enemmän suorittamiseksi, voidaan puhua myös länsimaiden muuttumisesta läpikotaisin pedagogisoituneiksi yhteiskunniksi. Elämänalueet esikoulusta aikuiskoulutukseen, työpaikoista harrastuksiin ovat pedagogisten käytäntöjen ja asiantuntijuuden tiloja. Itsekasvatuksen keskipisteeksi on noussut yrittäjämäinen kansalainen, joka näkee itsensä toiminnan keskuksena, oman elämänkaarensa, kykyjensä taipumustensa ja suhteidensa suunnittelutoimistona ja on jatkuvasti kehittämässä ja valmentamassa itseään. Elämänikäinen tai elämänlaajuinen oppiminen mahdollistaa yksilön jatkuvan valmiuden uudelleen kouluttautumiseen ja näin ollen osallistumisen yhteiskunnan osaamispääoman, taloudellisen kasvun ja kilpailukyvyn ylläpitämiseen. (Saari 2021, 184-185.)

KOULUTUS JA VALTA

Koulutuksen kentillä erilaiset institutionaalisen vallan edustajat, pedagogisen tietämyksen edustajat sekä taloudellisen vallan edustajat käyvät jatkuvaa neuvottelua tai kamppailua koulutuksen sisällöistä, tavoitteista ja organisoimisesta.

1900-luvulla vaikuttanut tunnettu ranskalainen marxilainen ajattelija Louis Althusser (1918 - 1990) on kuuluisa ideologisia valtiokoneistoja käsittelevistä ajatuksistaan ja kirjoituksistaan. Hänen mukaansa koulu on perinyt sen ideologisen tehtävän, joka kirkolla on ollut aikaisemmin. Alhusserin mukaan koulu yhtenä valtiokoneistona palvelee tuotantosuhteiden uusintamista. (Huttunen 2012 a, 91,101). "Althusserin mukaan ideologiset valtiokoneistot soittavat yhteisessä konsertissaan samaa partituuria eli hallitsevan luokanideologian partituuria." (Huttunen 2012 a, 101.) Kenen partituuria tämän hetken Suomessa soitetaan? Althusserin ajattelusta inspiroitunut sosiologi Stuart Hall toisaalta kritisoi sitä ajatusta, että koulutusta voitaisiin ymmärtää jonkin ryhmän tarkoitusten ja halujen kautta. Hallin mukaan huomio tulee olla yhteiskunnan todellisissa osatekijöissä - eli rakenteissa ja prosesseissa. Hallin mukaan "koulutus ideologisena valtiokoneistona toteuttaa kapitalistisen tuotantotavan vaateita ikään kuin toimijoiden selän takana ilman, että mikään ryhmittymä tiedostaisi nämä vaateet ja toimisi tietoisesti niiden puolesta." (Huttunen 2012a, 104).

1900-luvulla vaikuttaneen brittiläisen kasvatussosiologi Basil Bernsteinin (1924 - 2000) yksi pääteema on vallan ja sosiaalisen kontrollin merkitys sukupolvien välisessä kulttuurinsiirrossa. Hänen mukaansa keskeisiä yhteiskuntaa uusintavia toimijoita ovat koti ja koulu. (Penttinen 2012, 110-111). Erityisesti Bernstein on tarkastellut kieltä, sosiaaliluokkaa ja vuorovaikusta opetustilanteissa. Kielen avulla välittyvä sosiaalinen ja kulttuurinen tausta yhdistää tai erottaa opettajaa ja oppijaa kielenkoodien kautta. Eli ne, jotka löytävät opettajan kanssa "yhteisen sävelen" pärjäävät oppitunneilla. (Penttinen 2012, 116). Bernstein puhuu näkymättömästä pedagogiikasta. Näennäisesti opiskelijalähtöiset pedagogiikat voivat sisältää näkymättömän pedagogiikan piirteitä. Esimerkiksi yksilöllisesti räätälöidyt itseohjautuvuutta ja -arviointia painottavat henkilökohtaiset opetussuunnitelmat saattavat tuottaa sellaisia vuorovaikutuksen muotoja ja arvioinnin ongelmia, jotka voidaan selittää näkymättömällä pedagogiikalla. (Penttinen 2012, 135).

Ranskalaisen, 1900-luvulla eläneen, tieteenalat ylittävän filosofin Michel Foucaultin (1926 - 1984) vaikutus keskusteluun kasvatuksesta nostaa erityisesti esiin vallan ja tiedon. Foucaultin teos *Tarkkailla ja rangaista* sekä siinä esitetyt ajatukset koulusta kuria ja järjestystä tuottavana vallanmekanismina asetti koulun, armeijan ja vankilan ohella, yhteiskunnan valtamekaniikkaa toteuttavaksi laitokseksi. Samanaikaisesti koulu edusti Foucaultille turvapaikkaa pysyvyytensä vuoksi. Foucaultin mukaan koulun kiinteä päiväjärjestys, tehokkuuden vaatimukset ja kuri tuottavat kuuliaisia ruumiita osaksi valtakoneistoa. Kuuliaisiksi koulutetut yksilöt käyttävät kykynsä ja voiman hyödyksi ja sopeuttavat itsensä vallitsevaan yhteiskuntajärjestelmään. (Husa 2012, 273-275.) Näin koulut toimivat tutkintokoneistoina jossa toisiin oppilaisiin vertaaminen on mittaamisen, rankaisemisen ja palkitsemisen väline (Husa 2012, 277). Foucaultin raadolliseltakin kuulostavan ajatuksen merkitys koulusta valtakoneiston osana on erityisesti siinä, että se muistuttaa siitä, että kasvatukseen kuuluu aina vallankäyttö – myönteisessä tai kielteisessä mielessä, tiedostettuna tai tiedostamattomana.

Koulutuksella on monenlaista valtaa ja se on myös muodostunut pätevyyden ehdoksi ja tuottajaksi. (Antikainen, Rinne & Koski 2013, 219). Koulutukseen pääsyssä on usein erilaisia kriteerejä, vaaditaan tiettyjä arvosanoja ja/tai osallistumista pääsykokeisiin. Myös koulutuksen aikana suoritetaan monenlaisia pisteytyksiä, arviointeja ja palkitsemisia. Koulutuksella on myös valtaa jakaa ihmisiä korkeasti koulutettuihin ja vähemmän koulutettuihin, niihin, joilla on asiantuntijuus ja niihin, joilla sitä ei ole. Näin koulutus on mukana tuottamasta sosiaalisia kerrostumisia eli eri ryhmien välistä rakenteellista eriarvoisuutta. (Antikainen, Rinne & Koski 2013, 37.) Samaan aikaan kun kynnykset koulutukseen ovat madaltuneet ja pääsy on mahdollistunut yhä useammalle ja yhä korkeammalle, niin koulutuksen valta asettaa ihmisiä järjestykseen, arvioida ja vertailla on säilynyt.

KOULUTUS VALTAUTTAJANA JA MAHDOLLISTAJANA

Koulutusta voidaan tarkastella myös suhteessa yksilön identiteettiin, elämänkulkuun ja siihen, mitä koulutus mahdollistaa yksilön elämässä. Koulutusjärjestelmä tarjoaa valmiita identiteettityyppejä, arvioi resursseja saavuttaa näitä identiteettejä ja siten tuottaa opiskelijoille käsityksiä siitä, keitä he ovat, mitä he osaavat ja miten hyviä he ovat oppijoina. Paitsi, että koulutus näin tuottaa identiteettejä, niin se voi myös avata uusia elämänsuuntia ja mahdollisuuksia rakentaa omaa identiteettiä tai vastustaa koulu(tukse)n tarjoamaa identiteettiä (Antikainen, Rinne & Koski 2013, 298, 309).

Yhdysvaltalainen koulutuspolitiikkaan ja opetuksen dialektiikkaan erikoistunut professori Nicholas Burbules on tutkinut opetuksen valtasuhteita. Koulutuksen valtauttava rooli voi Burbulesin mukaan ilmentyä valtautumisena yksilöllisten kompetenssien löytymisen tai muodostumisen kautta, valtautumisena aktiivisen kansalaisuuden kautta, valtautumisena kriittisen tietoisuuden kehittymisen kautta tai valtautumisena erottautumisen kautta (Antikainen, Rinne & Koski 2013, 346). Eli kasvatus tai koulutus voi vapauttaa voimavaroja, lisätä toimintakykyä ja kyvykkyyden tunnetta ja mahdollistaa sellaisen tekemistä, joka aikaisemmin on tuntunut vaikealta tai mahdottomalta. Myös kriittisen ja feministisen pedagogiikan keskeisenä tavoitteena on empowerment – valtauttaminen - sekä äänen antaminen varsinkin niille, jotka vallanhierarkioissa jäävät alisteiseen tai marginaaliseen asemaan.

Kriittisen pedagogiikan sekä feministisen pedagogiikan edustajat ovat tuoneet esiin paitsi vallan ja kasvatuksen/koulutuksen suhteen, niin myös erilaiset äänet, moninaisuudet, marginaalissa olevat sekä nostanee esiin toiseuksia tuottavia mekanismeja kasvatuksessa ja koulutuksessa.

"Koulutuksen tulee vapauttaa, ei sopeuttaa." bell hooksin esittämä ajatus vapauttavasta kasvatuksesta painottaa, että kasvatukseen kuuluu välittämissä sekä toivon luomista paremmasta tulevaisuudesta. hooksin mukaan kasvatuksen sisältyy mahdollisuus yhteiskunnallisen todellisuuden muuttamisesta, sosiaalisen eriarvoisuuden vähentämistä ja demokratian edistämisestä. (Vuorikoski 2012, 307-308.) hooks uskoo koulutuksen voivan parantaa maailmaa. hooksin mukaan koulutus ja kasvatus tuottavat tiedon lisäksi myös poliittisen ja ideologisen subjektiuden. Eettiset kysymykset, pyrkimys poikkitieteelliseen tietoon, yhteiskunnallisen tiedostamisen lisääminen sekä näkemys tiedon historiallisuudesta nousevat keskeisiksi. Vapauttava kasvatus pyrkii hyvinvoinnin lisäämiseen ja tähtää kokonaisvaltaiseen henkiseen kasvuun (Vuorikoski 2012, 313, 315).

Ihmiset suhtautuvat koulutukseen ja käyttävät koulutusta eri tavoin historiallisesta ja yhteiskunnallisesta tilanteesta sekä omasta elämäntilanteestaan riippuen. Koulutus voi merkitä esimerkiksi elintasoa, yhteisyyssuhteita tai itsensä toteuttamista (Antikainen, Rinne & Koski 2013, 348).

Kolonisaatiokritiikin näkökulmasta koulutus edustaa kolonisaation uutta muotoa, rekolonisaatiota. Kritiikki kohdistuu siihen, miten koulutuksesta on ensin tehty kaikkien ihmisten maailmanlaajuinen tarve, sitten välttämättömyys ja lopulta kaikkien oikeus. Vaikka kehitys sinällään voidaan nähdä hyvänä, niin koulutusretoriikka ja sen mukaiset koulutuskäytännöt toimivat länsimaisen ajattelutavan ja yksilöllisyyden ihanteiden mukaisesti. Muiden kulttuurien edustajat näyttäytyvät epäpätevinä, perinteiset elinkeinonsa tuhotaan ja perinteelle perustuvat ajattelu- ja toimintatavat hävitetään. Kolonisaatiokriitikoiden mielestä koulutuksella tuhotaan ja myrkytetään ihmisten mielet, katkaistaan sukupolvien perintö ja pakotetaan ihmiset muuttamaan kaupunkien liepeille. (Suoranta 2005 68-69.) Koulutus mahdollistaa asioita, ja voi valtauttaa ihmisiä, mutta sen "yleishyvää" tuottava ekspansiivinen kasvu voi tuottaa myös tuhoa.

Takala (1995b, 66) esittää mielenkiintoisen kysymyksen siitä, mitä koulutus tekee ihmisille ja voisimmeko kuvitella, että kouluvelvollisuus poistuisi – ja mitä siitä seuraisi. Niin, mitä siitä seuraisi? Se, että tämän kysymyksen pohtiminen tuntuu todella vaikealta ja abstraktilta, kertoo, miten syvään juurtunut ja vakiintunut koulutusjärjestelmä on.

Talous- ja markkinakeskeinen ja talouskasvua hakeva politiikka vaikuttaa myös koulutuksen tavoitteisiin. Rinne ja kumppanit (Rinne et.al. 2018, 13) painottavat koulutuksen sivistyksellistä tehtävää seuraavassa määrittelyssään: "Koulutuksen perimmäinen tehtävähän on sivistää ihmisiä ja ihmiskuntaa ja rakentaa totuudellisiin, koherentteihin ja pitkäjänteisesti tutkittuihin tietoihin perustuvaa maailmankuvaa sekä tasa-arvoon ja oikeudenmukaisuusteen perustuvaa käsitystä maailmasta.". Tässä koulutuksen tehtävään kietoutuvat keskeiset kasvatuksen arvot: sivistys, tieto, tasa-arvo, oikeudenmukaisuus ja toisista välittäminen.

LOPUKSI

Onko siis koulutus mahdollisuus vai vaatimus? Vai kenties vaativa mahdollisuus? Tuhoaako koulutus globaalitasolla ihmisten mielet ja ympäristön (kolonisaatiokriitikot), mahdollistaako koulutus yksilön sivistymisen (Snellman), vapauttaako henkiseen kasvuun (hook), toimiiko koulutus valtauttajana (Burbules) tai tutkintojen ja todistusten jakelijana (Dore)?

Koulutus on todennäköisesti aina ollut jossain merkityksessä vaativaa. Historian eri aikoina on koulutukseen pääsemiseksi vaadittu erilaisia asioita: tiettyä säätyä tai yhteiskuntaluokkaa, rahaa, tietyn uskonnon tunnustamista, sopivaa maantieteellistä sijaintia, ympäröivää kulttuuria, tiettyä älykkyyttä tai sopivaa sukupuolta. Tämän päivän vaativuus tulee suorituksista, kilpailusta, mittaamisesta ja aina vain aikaisemmin tehtävistä "oikeista valinnoista". Enää vaatimukset eivät kohdistu pelkästään ympärillä oleviin mahdollistajiin vaan yksilön omiin valintoihin (tai vanhempiin, jotka ovat tehneet ajoissa valinnat "oikeiden" päiväkotien ja peruskoulun suhteen) sekä ominaisuuksiin.

Mahdollisuuksien tasa-arvo, peruskoulu-uudistus ja maksuton koulutus ovat lisänneet koulutuksellista tasa-arvoa. Tavoitteena on taata erilaisista taustoista tuleville oikeus koulutukseen ja mahdollistaa eteneminen koulutusurilla. (Rinne et. al. 2018, 10.)

Toisaalta puhutaan koulutuksen periytyvyydestä, joka pyrkimyksestä tasa-arvoon ja kaikille yhtäläiset mahdollisuudet tarjoavasta koulutuksesta huolimatta, on nähtävissä. Kotitausta nuorten opintien määrittäjä on Suomessakin heikentynyt, mutta toimihenkilötaustasta tulevat nuoret suuntaavat silti yhä muita selkeämmin ylempiin opintoihin. Voidaan siis perustellusti puhua myös 2000-luvulla koulutuksen periytyvyydestä. (Antikainen, Rinne & Koski 2013, 125.) Esimerkiksi korkeammin koulutettujen ja korkeammassa sosioekonomisessa asemassa olevin vanhempien lapset hakevat korkeakouluihin enemmän kuin muut ja myös menestyvät valinnoissa paremmin kuin muut (Haltia et. al. 2018, 397).

Koulutususkon voi nähdä valtioeliitin 1800-luvulla alkaneeksi hankkeeksi, jonka tavoitteena oli kansakunnan synnyttäminen. Usko koulutukseen ja sivistykseen oli vuosisatoja tai -kymmeniä oppimista ja osaamista edistävän kulttuurin tärkeimpiä tekijöitä. (Kauppinen & Suoranta 2005, 68.) Koulutus oli pitkään harvojen oikeus, nyt se on meidän kaikkien kohtaama – ja esittämä – vaatimus. Onko nyt vallalla ollut koulutususko siirtymässä oppimisuskoksi, jolloin oppiminen ja menestys kiinnitetään yhä selkeämmin yksilön ominaisuudeksi?

Samalla elinikäistä oppimista muokataan kilpailukyvyn pelastajaksi globalisoituvassa maailmassa. (Kauppila & Suoranta 2005, 68.) Kauppinen ja Suoranta (2005, 68-69) esittävät keskeisen kysymyksen: Voiko koulutuksen ja sivistyksen valjastaa talouden raaka-aineeksi vai onko talous sitä varten, että se mahdollistaa sivistyksen? Martha C. Nussbaum (2011) varoittaa lyhytnäköisestä aineellisen hyödyn tavoittelusta ja siitä, miten humanististen- ja taideaineiden aseman kaventaminen horjuttaa demokratiaa. Suomessa lukion arvosanojen ja ylioppilaskirjotusten merkitystä on kasvatettu yliopistojen pääsyvaatimuksissa. Matematiikan ja fysiikan painottaminen voi aiheuttaa paitsi taideaineiden, niin myös humanististen aineiden ja kielten valinnan vähentymiseen. Miten tämä vaikuttaa demokratiaan, sivistykseen sekä opiskelijoiden vapauteen valita itseä kiinnostavia aineita – ei vain niitä aineita, joilla päästään varmemmin jatkoon?

Kasvatuksen sosiologisen tutkimuksen klassinen kysymys on se, onko kasvatus ensisijaisesti sosiaalista kontrollia vai yksilöllisten mahdollisuuksien rakentamista ja millä edellytyksillä kontrolli voidaan muuttaa mahdollisuudeksi? (Antikainen 2012, 75).

Onko niin, että koulutuksen avulla tavoitellaan voittoa, taloudellista kasvua, kilpailukykyä ja hedonistista kuluttajasubjektia? Vai voiko koulutus olla väylä uteliaisuuden, tietämisen, luovuuden ja ymmärryksen kasvuun. Ideaalimaailmassa kasvatus, sivistys ja talous ovat harmoniassa, mutta taloudellisen ajattelun hallitessa sivistykseen liittyvä kohtuullisuuden käsite jää taka-alalle (Sivenius, Värri & Pulkki 2018, 116).

Korkeakoulutuksen voidaan todeta siirtyneen yhteiskunnan periferiasta keskustaan ja "massakorkeakoulusta" on tullut todellisuutta ympäri maailman (Rinne 2005, 197). Perinteisen tutkimusyliopiston tehtävä tutkimuksesta ja siihen perustuvasta opetuksesta on laajentunut "universitystä" "multiversityksi". Yliopistossa ei enää harjoiteta tiedettä, vaan siellä kouluttaudutaan – vai voiko näin sanoa? Tieteenharjoittamisen lisäksi erilaisten selvitysten, raporttien, innovaatioiden, hankerahoitusten, liiketoiminnan ja koulumaisen opetuksen lonkerot ovat vallanneet korkeakoulun. Tehokkaan, nopean ja tuloksellisen toiminnan vaatimukset lähentävät yliopistokulttuuria ja sivistystä kohden talouden kenttää (Rinne 2005, 206).

Mutta ovatko tiukat standardit, keskitetty kontrolli, tulosvastuullisuus, koulutuksen suunnittelu ja arviointi kaikki Sputnikin syytä? (ks. lisää Saari 2021, 142). Eli miten kylmäsota tai ylipäänsä valtioiden välinen globaalikilpailu markkinoista ja menestyksestä vaikuttaa koulutukseen? Minkälaiset arvot ohjaavat koulutuksen järjestämistä? Onko hierarkkisen, teknisen ja tuloksia ja talousvaikutuksia arvostavassa koulutuksessa sijaa taideaineille, kehollisuudelle, intuitiolle tai luontoyhteydelle? (Saari 2021, 174). Ja nähdäänkö näitä arvokkaina ja vaalimisen arvoisina?

KOULUTUS VAATIMUKSENA JAKSAA, JAKSAA – PAINEET YKSILÖN HARTEILLA

Tämän kirjan alussa, päiväkirja osiossa, sivuan keskusteluja opiskelijoiden väsymisestä, koulutuksen vaatimuksista, ohjauksen puutteesta ja irrallisuuden ja yksinäisyyden tunteista. Tähän keskusteluun on tuonut oman lisänsä vuoden 2020 alussa alkanut korona -epidemia, joka on mullistanut koulutusta. Monilla koulutusasteilla on siirrytty joko kokonaan tai osittain etäopetukseen. Yleisönosastopalstoilla on huolestuneiden opiskelijoiden, henkilökunnan sekä vanhempien kirjoituksia etäopetuksen kuormittavuudesta. Toisaalta joillekin etäopetus on mahdollistanut opiskelun omaan tahtiin ja joillekin vapautuksen koulusta, jossa on joutunut kohtaamaan koulukiusaamista tai sosiaalisesti ahdistavia tilanteita. Jo ennen etäopetuksen laajenemista erilaiset räätälöidyt ja joustavat koulutusmahdollisuudet olivat lisänneet yksin ja omaa tahtia suoritettavien koulutusmuotoja. Etäopiskelussa oppiminen ja opiskelu on yhä enemmän yksilön omaa puurtamista, omien aikataulujen mukaisesti ja omalla vastuulla.

Millaisessa maailmassa kasvatus tapahtuu? Mikä on kasvatuksen merkitys hyvälle elämälle? Millaisiksi ihmiset nykymaailmassa kasvavat? Tuleeko heistä sosiaalisesti kontrolloituja yksilöitä vai inhimillisyyttä tavoittelevia persoonia? (Suoranta 2005, 15)

Yksilön korostaminen on pitkän länsimaissa tapahtuneet kulttuurisen ja historiallisen prosessiin seurausta. Yksilö asetetaan yhä enenemissä määrin yhteiskunnallisesti keskeiseen asemaan ja jokaisesta on tullut "oman onnensa seppä". Myös kasvatuksellisen ajattelun perustaksi on asettunut ajatus yksilöllisten ominaisuuksien ja kykyjen keskeisyydestä. Samalla yksilöllisyys on kiinnittynyt vaatimukseen itsereflektiosta, oman toiminnan tarkkailun oppimisesta yhtenä koulun pedagogisena periaatteena. (Antikainen, Rinne & Koski 2013, 45, 47). Ne yksilöt, jotka kykenevät itsereflektioon, itsekuriin ja oman toiminnan säätelemiseen pärjäävät todennäköisesti paremmin tietokykytaloudessa, jossa tarvitaan yksilön kyvykkyyttä erilaisen tiedon hallinnassa ja käsittelyssä.

Yksilön kyvykkyyttä ja yksilön suorituksia painottava ajattelu unohtaa sen, että samanaikaisesti kun olemme monilla tavoin kyvykkäitä toimijoita, olemme myös avuttomia ja hauraita. Siis inhimillisiä olentoja, jotka tarvitsevat muita ihmisiä sekä kuulumisen ja osallisuuden kokemuksia.

HYVEITÄ JA IDEAALEJA – UTOPIOITA?

Kasvatustiedettä on usein pidetty vähäpätöisenä tieteenalana verrattuna "koviin tieteisiin", pidemmän historian ja vahvemman teoreettisen pohjan omaaviin tieteisiin. Itselleni kasvatustiede on näyttäytynyt perustavaa laatua olevana, ihmisenä olemiseen, kulttuuriin ja yhteiskuntaan linkittyvänä – meitä kaikkia koskevana, ja jokaisen ihmisen elämään kiinnittyvänä.

Kasvatuksen päämääriä voi tarkastella Pienen talouden ja Suuren talouden käsitteiden valossa. Toteutammeko tällä hetkellä pientä vai suurta taloutta? Pieni talous on sitä, johon olemme tottuneet ja joka sisältää illuusion siitä, että ihminen voi hallita ja hallinnoida luontoa, tyydyttää omia tarpeita ja haluja älyn, tahdon ja työteliäisyyden avulla. Suuri talous puolestaan sisältää ihmisen pienen talouden sekä kaikkien muiden eliöiden toimeentulon planeetallamme, samalla suuri talous on osittain ihmisen hallitsemattomissa ja ylittää tietokykymme. Suuri talous edellyttää nöyryyttä, sympatiaa, kärsivällisyyttä, anteliaisuutta ja mielikuvitusta. (Sivenius, Värri ja Pulkki 2018, 117, 123.) Onko nykypäivän kasvatus- ja koulutusinstituutioissa tilaa näille hyveille? Entä jos ei ole? Miltä tulevaisuutemme näyttää?

Tuleeko kasvatuksen palvella talouden tai muun hyödyn ulkoisia ja materiaalisia intressejä? (Saari 2021, 134). Vai voiko kasvatus olla autonomista, epäpoliittista, vapaa taloudellisista, uskonnollisista ja poliittisista vaatimuksista? Sanotaan, että ideologiasta vapaata kasvatusta ei ole ja että kasvatuksen erityisyys on paradoksi (Sivenius, Värri ja Pulkki 2018, 103-104). Kasvatuksen ideaalit kytkeytyvät aina omaan aikakauteen ja yhteiskunnan realiteetteihin.

Voisiko kasvatuksen päämäärä olla itsestä, toisista ja luonnosta huolehtiva ihminen? Ei globaaliin talouselämään ja kasvuun tähtäävä ratas? Mitä, jos kasvatuksen tavoitteena on Kantin ihanne ihmisestä, joka uskaltaa käyttää järkeään ja toimia se ohjaamana ilman ulkoista johdattelua? Ja hyvyys, totuus ja kauneus kasvatuksen ideaaleja, joita ihmettelyn ja uteliaisuuden kautta lähestytään? (Sivenius, Värri ja Pulkki 2018, 121-123) Entä Summerhill -koulun perustaneen skotlantilaisen Alexander S. Neillin tai vapaan kasvatuksen Rousseaun uskomus siitä, että jokainen lapsi on syntyessään vapaa, utelias, luova ja myötätuntoinen? (Saari 2021, 163-164) Miten nykyisessä kasvatuksessa ja koulutuksessa – tukahdutammeko, vaalimmeko vai ruokimmeko näitä arvoja?

PÄIVÄKIRJA

14.12.2021

Istun Mathildedalissa mökin sohvalla. Olen tämän päivän käynyt käsikirjoitusta läpi ja lisäillyt keltaisella merkitsemiini kohtiin täydennystä, pohdintoja ja kirjallisuusviitteitä. Tämä paikka on tuttu. Olen tämän vuoden aikana istunut täällä mökissä kirjoittamassa tammi-, maalis- touko-, elo-, loka- ja nyt joulukuussa. Aina vähän alle viikon kerrallaan. Tämä vetäytyminen kirjoittamaan on ollut todella tärkeää. Että voi vain keskittyä ajattelemaan, lukemaan ja kirjoittamaan. Iloitsen, että olen voinut toteuttaa vuonna 2019 haikailemani kirjoitusretriitit! Nyt on käsillä viimeinen kirjoitusretriitti.

Sinnikkäästi parantelen tekstiä ja toivon, että saisin kirjalle kustantajan ja kommentteja kirjoittamaani. Kaipaan ulkopuolisen lukijan katsetta ja näkökulmia. Oma olo alkaa olla aika tyhjä enkä oikein osaa nähdä kirjan kokonaisuutta. Olen tänään selaillut useampaan kertaan Antikaisen, Rinteen ja Kosken Kasvatussosiologian uusinta painosta, 2021. Välillä on mieleen iskenyt ajatus, että mihin tätä minun kirjaani tarvitaan, kun on olemassa jo tällainen järkäle, joka sisältää kaiken. Yritän vakuuttaa itselleni, että kaikenlaisia kirjoja tarvitaan, ja että minun teokseni tarkoitus onkin olla kevyempi, populaarimpi ja ehkä juuri johdattaa uusia kasvatus- ja koulutusalasta kiinnostuneita lukijoita näiden järkäleiden pariin.

Ulkona on todella pimeää. Marraskuun kovat pakkaset ja lumi on poissa. Eilinen sumu ja tihkusade muuttui tänään kunnon sateeksi ja taisi sulattaa viimeisetkin lumet pois. Ehkä huomenna maltan lähteä kävelylle valoisaan aikaan.

15.12.2021

Tämä päivä on kulunut kuten edellinen, käsikirjoitusta korjaillen ja täydentäen. Valoisan aikaan kävin kävelyllä, alpakoita tapaamassa ja ruukkimaisemia ihailemassa.

Toin kotoa mukanani pari Hesaria, joiden koulutusta tarkasteleviin artikkeleihin haluan nyt vielä palata. Koko aukeaman kirjoitus otsikolla "Opiskelijat ja opettajat väsyvät uudistuksiin" (HS 9.12.2021, A 20-21) listaa tuoreet uudistukset, joita koulutuksen alueella on viime vuosina tehty. Lista on häkellyttävän pitkä. Vuonna 2018 tuli voimaan ammatillisen koulutuksen reformi, joka ohjasi koulutusta enemmän työpaikoille. Vuonna 2020 uudistettiin korkeakoulujen hakua, jolloin yhä suurempi osa opiskelupaikoista määräytyi ylioppilastutkinnon tai ammatillisen koulutuksen arvosanojen perusteella. Tämän vuoden 2021 keväällä oppivelvollisuus laajeni koskemaan 18-vuoteen asti. Samalla toisen asteen koulutuksesta tuli kirjojen, tietokoneiden ja muiden välineiden osalta maksutonta. Lisäksi tämän vuoden syksyllä tuli voimaan lukion uusi opetussuunnitelma, joka korostaa laaja-alaisia taitoja ja jatkuvaa arviointia. Ensi vuodellekin on luvassa uudistuksia. Tutkintokoulutukseen valmentava koulutus – 10-luokat, lukioon valmistava koulutus sekä ammatilliseen koulutukseen valmentava koulutus – yhdistyy. Ei ihme, jos niin opiskelijoita kuin opettajia väsyttää! Artikkelissa haastatellut opettajat ovat huolissaan paitsi omasta ja kollegojensa väsymyksestä, niin nuorten pahasta olosta, lukiolaisten uupumisesta ja mielenterveysongelmista, yleissivistyksen hapertumisesta, suurista ryhmäkoista sekä digitalisaation ja toimimattoman tekniikan yhdistelmästä. Ja kun kaiken tämän uudistuksen ja muutoksen lisäksi olemme eläneet lähes kaksi vuotta koronaepidemian aiheuttamassa eristyksen ja etäopiskelun ja -työn haasteiden kanssa, ei ihme, jos koulutus alkaa tuntumaan melkoiselta vaatimukselta!

Hesarissa palattiin koulutuksen muutosten aiheuttamaan tilanteeseen otsikolla "Tutkija: Lukioissa koko yhteisö voi pahoin" (HS 13.12.2021 A 15). Artikkelissa opiskelijoiden kuormittumista tutkinut akatemianprofessori Katariina Salmela-Aro toteaa, että ei ole tilanteesta yllättynyt. Paitsi pandemia, niin myös lukuisat uudistukset ovat syöneet voimavaroja. Salmela-Aro toteaa, että myös matematiikan arvosanojen korostuminen korkeakouluvalinnoissa voi aiheuttaa riittämättömyyden ja eriarvoistumisen tunnetta – erityisesti lukiota käyvien tyttöjen keskuudessa, jossa pahoinvointi on erityisen suurta. Toteamus siitä, että "Nuoret ehkä vaativat itseltään paljon, mutta yhteiskunta vaatii heiltä vielä enemmän." on pysäyttävä. Koulutuksen ihmemaa! Koulutuksen rakenteissa olevat suoritus-, arviointi- ja palkitsemisjärjestelmät saavat nuoret – ja kaiken ikäiset – vaatimaan itseltään yhä lisää, yhä korkeammalle ja aina vaan paremmin.

Tilanne: Ulkona on sysimustaa. Myös näiden artikkelien lukeminen – vaikka sinänsä mitään uutta niissä ei ollutkaan – sai mielen synkeäksi. Se, että eri koulutusasteille lisätään kuraattoreja, psykologeja, valmentajia, ohjaajia ja erilaisia tukimuotoja, on tietysti hyvä, mutta eikö koulutuksen rakenteita ja tavoitteita voisi muuttaa ja inhimillistää niin, ettei pahoinvointia ja kelkasta tippumista tässä mittakaavassa syntyisi?

16.12.2021
Kun aloitin tämän kirjan kirjoittamisen tammikuussa 2019 minulla oli innostusta, ideoita ja pian iso pino kirjoja pöydälläni. Nyt kirjat on kahlattu läpi ja tarkastelun kohteena on käsikirjoitus. Oman tekstin lukeminen on piinallista. Tämän päivän tehtävänäni on viimeistellä johdantoluku. Se on hankalin ja se on jäänyt viimeiseksi. Koska tänään viimeinen kokonainen päivä ennen kotiin paluuta, en voi enää väistellä.

Kirjoitusretriitillä minulla on läppärin, käsikirjoituksen, kasvatusta ja koulutusta käsittelevien kirjojen ja parin romaanin lisäksi Zadie Smithin uutuuskirja *Aavistuksia. Kuusi esseetä eristysajasta.* Siinä Smith kuvailee yritystään ja tarvettaan kirjoittaa, alistumisen ja vastarinnan käsitteitä tosielämässä ja kirjoittamisessa. Seuraava ajatus kolahti:
"Kirjoittaminen vain on, hetki hetken perään, uintia tekopyhyyden meressä. Tiedämme, että se on harhaa, mutta mikä oudointa, harha on tilapäisesti väistämätöntä, jotta ylipäänsä pystyisi luomaan sen muotin – muotin, johon voi kaataa sen, mitä ei osaa hahmottaa tosielämässä." (Smith 2021, 18)
Siksi myös tämä kirja.

KIRJALLISUUS

Ahomies, Anni (2017) 2. asteen opiskelijoiden koulu-uupumus ja sen ennalta ehkäiseminen. Laurea-ammattikorkeakoulu. Opinnäytetyö. https://www.theseus.fi/bitstream/handle/10024/136316/Anni_Ahomies_Koulu -uupumus_ennaltaehkaisy.pdf?sequence=1&isAllowed=y luettu: 2.5.2019

Ahonen, Sirkka (2011) Millä opeilla opettajia koulutettiin? Teoksessa Anja Heikkinen & Pirkko Leino-Kaukiainen (toim.) Valistus ja koulunpenkki. Kasvatus ja koulutus Suomessa 1860-luvulta 1960-luvulle. Helsinki, Suomalaisen Kirjallisuuden Seura, 239-252.

Aittola, Tapio, Jokinen, Kimmo & Laine, Kaarlo (1995) Nuoret ja koulu kulttuurisessa muutoksessa. Teoksessa Tuomas Takala (toim.) Kasvatussosiologia. Juva, WSOY, 108-149.

Aittola, Tapio & Pirttilä, Ilkka (2005) Miten vastaisimme tänään tiedonsosiologian peruskysymyksiin? Teoksessa M'hammed Sabour & Leena Koski (toim.) Koulutuksen ja kulttuurin merkitystä etsimässä. Searching for the Meaning of Education and Culture. Joensuu, Joensuu University Press, 49-65.

Aittola, Tapio (2012) Kasvatussosiologian suunnannäyttäjiä. Helsinki, Gaudeamus.

Aittola, Tapio (2012a) Berger, Peter & Luckmann, Thomas (2012) Todellisuuden sosiaalinen rakentuminen, legitimaatio ja sosialisaatio. Teoksessa Tapio Aittola (toim.) Kasvatussosiologian suunnannäyttäjiä. Helsinki, Gaudeamus, 57-74.

Aittola, Tapio (2012b) Thomas Ziehe. Epätavanomaisen oppimisen puolustus. Teoksessa Tapio Aittola (toim.) Kasvatussosiologian suunnannäyttäjiä. Helsinki, Gaudeamus, 228-257).

Aittola, Tapio (2012c) Epilogi. Kasvatussosiologian suunnannäyttäjät ja nykypäivän lukija. Teoksessa Tapio Aittola (toim.) Kasvatussosiologian suunnannäyttäjiä. Helsinki, Gaudeamus, 391-396.

Akaworks (2019) Korkeakoulutettujen työttömien määrä vähentyy vauhdilla – työttömyyskatsaus helmikuu 2019. https://akavaworks.fi/julkaisut/korkeakoulutettujen-tyottomien-maara-vahentyy-vauhdilla-tyottomyyskatsaus-helmikuu-2019/

Allardt, Erik (2005) Emile Durkheimin sosiologian kasvatustieteellinen tausta. Teoksessa M'hammed Sabour & Leena Koski (toim.) Koulutuksen ja kulttuurin merkitystä etsimässä. Searching for the Meaning of Education and Culture. Joensuu, Joensuu University Press, 17-28.

Antikainen, Ari (1988) Johdatus kasvatussosiologiaan. Juva, WSOY.

Antikainen, Ari (1993) Kasvatus, koulutus ja yhteiskunta. Porvoo, WSOY.

Antikainen, Ari (2012) Michael Young. Uusi kasvatussosiologia. Teoksessa Tapio Aittola (toim.) Kasvatussosiologian suunnannäyttäjiä. Helsinki, Gaudeamus, 75-87.

Antikainen, Ari, Rinne, Risto & Koski, Leena (2013) Kasvatussosiologia. Jyväskylä, PS-kustannus. Uudistettu 5. painos.

Antikainen, Ari, Rinne, Risto & Koski, Leena (2021) Kasvatussosiologia. Jyväskylä, PS-kustannus. Uudistettu 6. painos.

Berlant, Lauren (2011) Cruel Optimism. Durham: Duke University Press.
Gordon Tuula (2005) Monikulttuurisuuden haasteet ja koulutuspoliittinen keskustelu Kaliforniassa. Teoksessa M'hammed Sabour & Leena Koski (toim.)

Koulutuksen ja kulttuurin merkitystä etsimässä. Searching for the Meaning of Education and Culture. Joensuu, Joensuu University Press, 269-279.

Gordon, Tuula & Lahelma, Elina (1995) Koulutus ja sukupuoli. Teoksessa Tuomas Takala (toim.) Kasvatussosiologia. Juva, WSOY, 152-196.

Haltia, Nina, Rinne, Risto, Lempinen, Sonia & Kaunisto, Tuuli (2018) Suomalaisen koulutuspolitiikan tasa-arvon näkymät. Teoksessa Risto Rinne, Nina Haltia, Sonia Lempinen & Tuuli Kaunisto (toim.) Eriarvoistuva maailma – tasa-arvoistava koulu? Suomen kasvatustieteellinen seura. Kasvatusalan tutkimuksia 78. Jyväskylä, Jyväskylän yliopistopaino, 391-408.

Harinen, Päivi (2005) Kansalaiseksi oppiminen ja monikansallistuva yhteiskunta. Teoksessa M'hammed Sabour & Leena Koski (toim.) Koulutuksen ja kulttuurin merkitystä etsimässä. Searching for the Meaning of Education and Culture. Joensuu, Joensuu University Press, 281-298.

Heikkinen, Anja (2011) Elatus, oppi ja kumppanuus. Teoksessa Anja Heikkinen & Pirkko Leino-Kaukiainen (toim.) Valistus ja koulunpenkki. Kasvatus ja koulutus Suomessa 1860-luvulta 1960-luvulle. Helsinki, Suomalaisen Kirjallisuuden Seura, 37-73.

Heikkinen, Anja & Leino-Kaukiainen, Pirkko (2011 a) Johdanto. Koko kansa koulunpenkille. Teoksessa Anja Heikkinen & Pirkko Leino-Kaukiainen (toim.) Valistus ja koulunpenkki. Kasvatus ja koulutus Suomessa 1860-luvulta 1960-luvulle. Helsinki, Suomalaisen Kirjallisuuden Seura, 11-15.

Heikkinen, Anja & Leino-Kaukiainen, Pirkko (2011 b) Tiellä koulutuksen tasa-arvoon. Teoksessa Anja Heikkinen & Pirkko Leino-Kaukiainen (toim.) Valistus ja koulunpenkki. Kasvatus ja koulutus Suomessa 1860-luvulta 1960-luvulle. Helsinki, Suomalaisen Kirjallisuuden Seura, 468-470.

Heikkinen, Hannu L.T. & Huttunen, Rauno (2017) "Mitä järkeä?" – Kasvatuksen tietoperusta ja rationaalisuus. Teoksessa Auli Toom, Matti Rautiainen & Juhani Tähtinen (toim.) Toiveet ja todellisuus. Kasvatus osallisuutta ja oppimista rakentamassa. Suomen kasvatustieteellinen seura, Kasvatusalan tutkimuksia 75. Jyväskylä, Jyväskylän yliopistopaino, 31-58.

Herranen, Jatta (2005) Ammattikorkeakoulu opetuksen ja oppimisen tilana. Teoksessa M'hammed Sabour & Leena Koski (toim.) Koulutuksen ja kulttuurin merkitystä etsimässä. Searching for the Meaning of Education and Culture. Joensuu, Joensuu University Press, 149-161.

Hirsjärvi, Sirkka (1983) Toim. Kasvatustieteen käsitteistö. Keuruu, Otava.

Husa, Sari (2012) Michel Foucault. Tieto, valta ja kasvatus. Teoksessa Tapio Aittola (toim.) Kasvatussosiologian suunnannäyttäjiä. Helsinki, Gaudeamus, 261-287.

Huttunen, Rauno (2012a) Louis Althusser. Koulutuksen ideologisuudesta. Teoksessa Tapio Aittola (toim.) Kasvatussosiologian suunnannäyttäjiä. Helsinki, Gaudeamus, 91-109.

Huttunen, Rauno (2012b) Jürgen Habermas. Tiedon intressit ja kommunikatiivisen toiminnan teoria. Teoksessa Tapio Aittola (toim.) Kasvatussosiologian suunnannäyttäjiä. Helsinki, Gaudeamus, 207-227.

Jalava, Marja (2011) Kansanopetuksen suuri murros ja 1860-luvun väittely kansakoulusta. Teoksessa Anja Heikkinen & Pirkko Leino-Kaukiainen (toim.) Valistus ja koulunpenkki. Kasvatus ja koulutus Suomessa 1860-luvulta 1960-luvulle. Helsinki, Suomalaisen Kirjallisuuden Seura, 74-94.

Jokinen, Kimmo (2012) Paul Willis. Kulttuuri, vastarinta ja oppiminen. Teoksessa Tapio Aittola (toim.) Kasvatussosiologian suunnannäyttäjiä. Helsinki, Gaudeamus, 161-182.

Kasvatussosiologia. 1995. Tuomas Takala (toim.). Juva, WSOY.

Kasvatussosiologian suunnannäyttäjiä. 2012. Tapio Aittola (toim.) Helsinki, Gaudeamus.

Kauppila, Juha & Suoranta, Juha (2005) Koulutettuja, oppineita ja itseoppineita. Keskustelua koulutususkosta ja kouluttautumisen merkityksestä. Teoksessa M'hammed Sabour & Leena Koski (toim.) Koulutuksen ja kulttuurin merkitystä etsimässä. Searching for the Meaning of Education and Culture. Joensuu, Joensuu University Press, 67-79.

Kivinen, Osmo & Rinne, Risto (1995) Koulutuksen kentät ja kulku. Teoksessa Tuomas Takala (toim.) Kasvatussosiologia. Juva, WSOY, 67-106.

Kivistö, Kalevi & Vaherva, Tapio (1979) Kasvatussosiologia. Neljäs uudistettu painos. Jyväskylä, Gummerus.

Komonen, Katja (2005) Osallisuuden rakentuminen ammatillisen koulutuksen arjessa: ammatillisen koulutuksen keskeyttäjien koulukokemukset. Teoksessa M'hammed Sabour & Leena Koski (toim.) Koulutuksen ja kulttuurin merkitystä etsimässä. Searching for the Meaning of Education and Culture. Joensuu, Joensuu University Press, 133-147.

Koski, Leena (2005) Koulutusyhteiskunnan kynnyksellä – osallistuminen vapaan sivistystyön opintoihin 1950-luvulla. Teoksessa M'hammed Sabour & Leena Koski (toim.) Koulutuksen ja kulttuurin merkitystä etsimässä. Searching for the Meaning of Education and Culture. Joensuu, Joensuu University Press, 227-243.

Koski, Leena (2011) Sivistystyön ihmiskäsitys: villi-ihmisestä aikuiseksi yksilöksi. Teoksessa Anja Heikkinen & Pirkko Leino-Kaukiainen (toim.) Valistus ja koulunpenkki. Kasvatus ja koulutus Suomessa 1860-luvulta 1960-luvulle. Helsinki, Suomelaisen Kirjallisuuden Seura, 159-183.

Kouluterveyskysely 2017. Terveyden ja hyvinvoinnin laitos. https://sampo.thl.fi/pivot/prod/fi/ktk/ktk1/summary_perustulokset?alue_0=87 869&mittarit_0=199594&mittarit_1=199900&mittarit_2=199256&vuosi_2017 _0=v2017# luettu: 2.5.2019

Koulutuksen ja kulttuurin merkitystä etsimässä. 2005. M'hammed Sabour & Leena Koski (toim.) Joensuu, Joensuu University Press.

Lappalainen, Sirpa (2005) Beverly Skeggs. Sukupuolen ja yhteiskuntaluokan piilotetut agendat. Teoksessa Tapio Aittola (toim.) Kasvatussosiologian suunnannäyttäjiä. Helsinki, Gaudeamus, 288-306.

Liljander, Juha-Pekka (2012) Pierre Bourdieu. Koulutus, symbolinen väkivalta ja yhteiskunnallinen eriarvoisuus. Teoksessa Tapio Aittola (toim.) Kasvatussosiologian suunnannäyttäjiä. Helsinki, Gaudeamus, 138-160.

Lukioselvitys 2017. Opetus- ja kulttuuriministeriön julkaisuja 2017:49. http://urn.fi/URN:ISBN:978-952-263-531-0 luettu: 2.5.2019

Makkonen, Anna (1996) Sinulle. Romaani, joka ei uskalla sanoa nimeään tai Nainen, kapina, kirjoitus ja historia eli mitä tapahtui kun tämän kirjan tekijä sai käsiinsä erään päiväkirjan vuodelta 1905. Suomalaisen Kirjallisuuden Seura. Jyväskylä, Gummeruksen Kirjapaino Oy.

Matthies, Jürgen (2012) Kriittinen teoria ja kasvatus täysi-ikäisyyteen. Teoksessa Tapio Aittola (toim.) Kasvatussosiologian suunnannäyttäjiä. Helsinki, Gaudeamus, 185-206.

Nussbaum, Martha C. (2011) Talouskasvua tärkeämpää. Miksi demokratia tarvitsee humanistista sivistystä? Helsinki, Gaudeamus.

Nuutinen, Pirjo (2005) Kasvatus ja kasvaminen valtasuhteisiin. Teoksessa M'hammed Sabour & Leena Koski (toim.) Koulutuksen ja kulttuurin merkitystä etsimässä. Searching for the Meaning of Education and Culture. Joensuu, Joensuu University Press, 109-117.

OKM. Opetus- ja kulttuuriministeriö. Yleissivistävä koulutus. https://okm.fi/yleissivistava-koulutus/linjaukset .

OKM. Opetus- ja kulttuuriministeriö. Ammatillinen koulutus. https://okm.fi/linjaukset-ja-kehittaminen .

OKM. Opetus- ja kulttuuriministeriö. Korkeakoulutus- ja tiede. https://okm.fi/korkeakoulu-ja-tiedelinjaukset .

Oppivelvollisuuslaki 1214/2020. https://finlex.fi/fi/laki/smur/2020/20201214 .

Palsaoja -kollektiivi (2018) Liike ja hetki. Kollektiivisen biografian sommitelmia (nyky)akatemiassa. SoPhi 140, Jyväskylän yliopisto. https://www.jyu.fi/hytk/fi/laitokset/yfi/tutkimus/sophi/126-150/sophi140

Penttinen, Pekka (2012) Basil Bernstein. Kieli, sosiaaliluokka ja näkymätön pedagogiikka. Teoksessa Kasvatussosiologian suunnannäyttäjiä. 2012. Tapio Aittola (toim.) Helsinki, Gaudeamus, 110-137.

Rautiainen, Matti, Toom, Auli & Tähtinen, Juhani (2017) Unelma osallisuudesta – kasvatuksella kohti oppimista ja yhteiskunnallista osallisuutta. Teoksessa Auli Toom, Matti Rautiainen & Juhani Tähtinen (toim.) Toiveet ja todellisuus. Kasvatus osallisuutta ja oppimista rakentamassa. Suomen kasvatustieteellinen seura, Kasvatusalan tutkimuksia 75. Jyväskylä, Jyväskylän yliopistopaino, 9-27.

Rinne, Risto (2005) Yliopistopolitiikan muutos ja aikuisten opiskelumahdollisuudet. Teoksessa M'hammed Sabour & Leena Koski (toim.) Koulutuksen ja kulttuurin merkitystä etsimässä. Searching for the Meaning of Education and Culture. Joensuu, Joensuu University Press, 193-213.

Rinne, Risto, Lempinen, Sonia, Haltia, Nina & Kaunisto, Tuuli (2018) Tasa-arvo, koulutustutkimuksen merkitys ja "totuuden jälkeinen maailma": johdanto. Teoksessa Risto Rinne, Nina Haltia, Sonia Lempinen & Tuuli Kaunisto (toim.) Eriarvoistuva maailma – tasa-arvoistava koulu? Suomen kasvatustieteellinen seura. Kasvatusalan tutkimuksia 78. Jyväskylä, Jyväskylän yliopistopaino, 9-26.

Saari, Antti (2021) Kasvatusteoria antiikista nykypäivään. Helsinki, Gaudeamus.

Silvennoinen, Heikki (2012) Yhteiskuntaluokat, valta ja aikuiskoulutus. Teoksessa Joel Kivirauha, Arto Jauhiainen, Piia Seppänen & Tuuli Kaunisto (toim.) Koulutuksen yhteiskunnallinen ymmärrys. Suomen kasvatustieteellinen seura, Jyväskylä, Jyväskylän yliopistopaino, 301-328.

Sivenius, Ari, Värri, Veli-Matti & Pulkki, Jani (2018) Ekologisemman sivistysajattelun haasteita aikamme taloudellistuneessa arvoympäristössä. Teoksessa Heikki Silvennoinen, Mira Kalalahti & Janne Varjo (toim.) Koulutuksen lupaukset ja koulutususko. Kasvatussosiologian vuosikirja II. Suomen kasvatustieteellinen seura. Kasvatusalan tutkimuksia 79. Jyväskylän yliopistopaino, Jyväskylä, 101-125.

Smith, Zadie (2021) Aavistuksia. Kuusi esseetä eristysajasta. Helsinki, WSOY.

Suomen koulutuspolitiikan tulevaisuus. (2016). Toimittanut Katri Söder & Anette Karlsson. Helsinki, Into.

Suomen virallinen tilasto (SVT): Aikuiskoulutukseen osallistuminen
[verkkojulkaisu]. ISSN=6918. Aikuiskoulutukseen osallistuminen 2017.
Helsinki: Tilastokeskus [viitattu 27.11.2021]. Saantitapa:
http://www.stat.fi/til/aku/2017/01/aku_2017_01_2018-01-12_tie_001_fi.html
Suomen virallinen tilasto (SVT): Sijoittuminen koulutuksen jälkeen
[verkkojulkaisu]. ISSN=1798-9442. 2019. Helsinki: Tilastokeskus [viitattu:
27.11.2021]. Saantitapa: http://www.stat.fi/til/sijk/2019/sijk_2019_2021-01-
21_tie_001_fi.html .

Suomen virallinen tilasto (SVT): Opiskelijat ja tutkinnot a [verkkojulkaisu].
ISSN=2737-0399. Opiskelijat ja tutkinnot 2020. Helsinki: Tilastokeskus
[viitattu 27.11.2021]. Saantitapa:
http://stat.fi/til/opiskt/2020/17/opiskt_2020_17_2021-10-22_tie_001_fi.html

Suomen virallinen tilasto (SVT): Opiskelijat ja tutkinnot b [verkkojulkaisu].
ISSN=2737-0399. Yliopistokoulutus 2020. Helsinki: Tilastokeskus [viitattu
27.11.2021] Saantitapa:
http://www.stat.fi/til/opiskt/2020/15/opiskt_2020_15_2021-05-
12_tie_003_fi.html .

Suomen virallinen tilasto (SVT): Väestön koulutusrakenne [verkkojulkaisu].
ISSN=1799-4586. 2020. Helsinki: Tilastokeskus [viitattu: 27.11.2021].
Saantitapa: http://www.stat.fi/til/vkour/2020/vkour_2020_2021-11-
03_tie_001_fi.htm .

Suoranta, Juha (2005) Radikaali kasvatus. Helsinki, Gaudeamus.

Suoranta, Juha (2012) Henry A. Giroux. Kriittinen tieto, opettajuus ja
kasvatus. Teoksessa Tapio Aittola (toim.) Kasvatussosiologian
suunnannäyttäjiä. Helsinki, Gaudeamus, 335-363.

Takala, Tuomas (1995a) Johdanto. Teoksessa Tuomas Takala (toim.)
Kasvatussosiologia. Juva, WSOY, 10-29.

Takala, Tuomas (1995b) Koulutuksen ja talouden väliset suhteet. Teoksessa Tuomas Takala (toim.) Kasvatussosiologia. Juva, WSOY, 32-63.

Takala, Tuomas (1995c) Koulutus ja poliittinen järjestelmä. Teoksessa Tuomas Takala (toim.) Kasvatussosiologia. Juva, WSOY, 198-210.

Toiveet ja todellisuus. Kasvatus osallisuutta ja oppimista rakentamassa. (2017) Auli Toom, Matti Rautiainen ja Juhani Tähtinen (toim.). Suomen kasvatustieteellinen seura, Kasvatusalan tutkimuksia 75. Jyväskylä, Jyväskylän yliopistopaino.

Tähtinen, Juhani (2011) Moraali ja terveys kansalais- ja koulukasvatuksen polttopisteessä. Teoksessa Anja Heikkinen & Pirkko Leino-Kaukiainen (toim.) Valistus ja koulunpenkki. Kasvatus ja koulutus Suomessa 1860-luvulta 1960-luvulle. Helsinki, Suomalaisen Kirjallisuuden Seura, 184-216.

Tähtinen, Juhani (2012) Kutsumustyöläisiä 1500-luvulta 1800-luvulle: kansanopettajiin ja koulunopettajiin liittyneet sosiaalis-eettiset ideaalit ja odotukset. Teoksessa Joel Kivirauha, Arto Jauhiainen, Piia Seppänen & Tuuli Kaunisto (toim.) Koulutuksen yhteiskunnallinen ymmärrys. Suomen kasvatustieteellinen seura, Jyväskylä, Jyväskylän yliopistopaino, 237-259.

Virmasalo, Ilkka (2012) Karl Mannheim. Tiedon ja koulutuksen tuntematon klassikko. Teoksessa Tapio Aittola (toim.) Kasvatussosiologian suunnannäyttäjiä. Helsinki, Gaudeamus, 29-56.

Vuorikoski, Marjo (2012) bell hooks. Vapauttava kasvatus. Teoksessa Tapio Aittola (toim.) Kasvatussosiologian suunnannäyttäjiä. Helsinki, Gaudeamus, 307-332.

Young, Michal (2005) Government intervention and the problem of knowledge in education policy. Teoksessa M'hammed Sabour & Leena Koski (toim.)

Koulutuksen ja kulttuurin merkitystä etsimässä. Searching for the Meanig of Education and Culture. Joensuu, Joensuu University Press, 39-48.